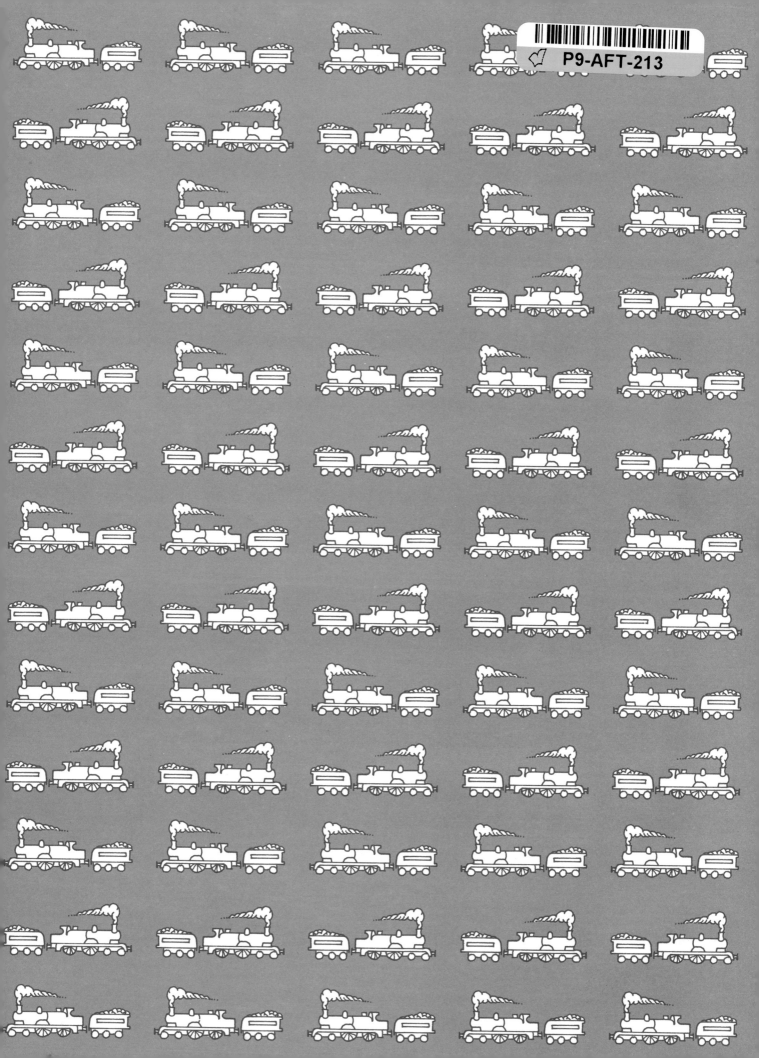

trenes

Rompecabezas de la «locomotora Thomas»

Emblema del Midland Railway

MIDLAND

Billete de
ferrocarri

Maqueta de la locomotora Norris de 1843

AUSTRIA

Timbre de señales

Locomotora de vapor (conservada) «Duquesa de Hamilton» (1938)

BRITISH RAILWAYS

BP
46229

BIBLIOTECA VISUAL ALTEA

trenes

por
John Coiley

Silbato metálico

Locomotora «Columbine»
(1845)

Porras de la policía ferroviaria

Pase gratuito de los ferrocarriles
franceses

DUCHESS OF HAMILTON

ALTEA

Maqueta de una locomotora norteamericana de 1875

Semáforo mecánico

Farol de un tren real

Billetes

Campana manual de estación

Reloj de bolsillo de finales del siglo XIX

Llaves de vagones

DK

A DORLING KINDERSLEY BOOK

Consejo editorial:

Londres:
Peter Kindersley, Christine Webb,
Ann Cannings, Helen Parker, Julia Harris,
Louise Barratt, Cyinthia Hole, Mike Dunning.

París:
Pierre Marchand, Jean-Olivier Héron,
Christine Baker, Anne de Bouchony,
Catherine de Sairigné-Bon.

Madrid:
María José Gómez-Navarro, María Puncel,
Juan José Vázquez.

Colaboración especial de The National Railway
Museum - York.

Traducción de Guillermo Solana.

Título original: Eyewitness Guides.
Volume 39: Train.

Copyright © 1992 by Dorling Kindersley Limited,
Londres y Éditions Gallimard, París.

Publicado originalmente en 1992 en Gran Bretaña
por Dorling Kindersley Limited, 9 Henrietta St.,
London WC2E 8PS,

y en Francia por Éditions Gallimard, 5 rue Sébastien
Bottin, 75008 Paris.

© 1994, Aguilar, Altea, Taurus, Alfaguara, S.A. de
C.V., de la presente edición en lengua española.
Av. Universidad 767, Col. Del Valle, México, D.F.
ISBN: 968-19-0165-7

Sumario

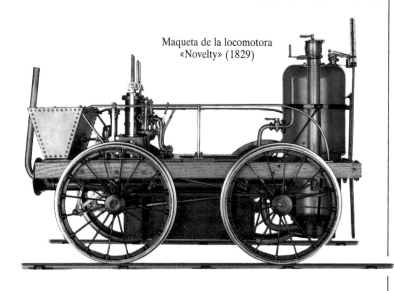

Maqueta de la locomotora
«Novelty» (1829)

¿Qué es un tren?

Un TREN ES UNA SERIE DE VEHÍCULOS que o es arrastrado por una locomotora o es autopropulsado. Parte integrante de un ferrocarril son las vías sobre las que discurren los trenes. De una forma o de otra, las vías fueron muy anteriores al tren de vapor. Los primeros convoyes contaban con la fuerza humana para ser empujados o arrastrados a lo largo de las vías. Los caballos eran más fuertes que los hombres y podían tirar de cargas más pesadas. Pero fue la invención de la locomotora de vapor la que prestó todo su potencial al sistema ferroviario. Luego, sobre vías más sólidas y lisas, los trenes pudieron ir más deprisa, transportando personas y mercancías. Desde los albores del siglo XIX los ferrocarriles progresaron velozmente. Con la ayuda de las técnicas modernas de la ingeniería, las locomotoras diesel y eléctricas aún siguen mejorando.

Los primeros ferrocarriles eran de uso particular, como los de las minas. Para tender líneas públicas más largas se necesitaron ejércitos de obreros, porque era escasa la maquinaria disponible. Para cavar, tender vías y construir puentes empleaban herramientas manuales y la fuerza de sus músculos.

A finales del siglo XIX los trenes de vapor eran ya familiares. Hicieron posible que quienes vivían en el campo acudieran diariamente a trabajar a las grandes urbes y que los habitantes de éstas disfrutasen del campo o de la playa.

Reproducción de un vagón de primera de la línea Liverpool-Manchester (1830)

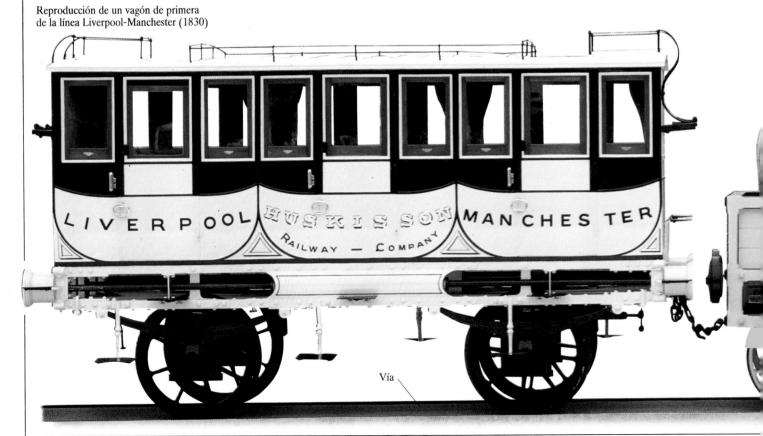

Vía

Las primeras máquinas diesel aparecieron en Europa y en los Estados Unidos a partir de 1930. Diez años después reemplazaban incluso a las mayores locomotoras de vapor. Hoy las máquinas diesel se emplean en todo el mundo (págs. 40-41).

Son legión los que viajan cada día en los trenes. En las décadas de los veinte y los treinta del siglo XIX muchos vagones eran poco más que plataformas con asientos (págs. 28-29). Poco a poco fueron equipados con luz, calefacción, aseos y pasillos. Y para los viajes más largos se introdujeron los coches-cama y los coches-restaurantes.

Los trenes eléctricos corrieron por vez primera en la última década del siglo XIX en un ferrocarril subterráneo. Reciben la energía de cables aéreos o de un carril entre las vías. Son más rápidos, silenciosos y limpios que las locomotoras de vapor y diesel. El futuro parece suyo.

Las máquinas arrastran vagones de viajeros o de mercancías y a veces de los dos tipos. Se desplazan sobre carriles y sus ruedas tienen un reborde o pestaña que encaja en la vía, impidiendo el descarrilamiento.

Los primeros trenes fueron construidos para transportar mercancías, generalmente carbón (págs. 26-27). Hoy el ferrocarril sigue siendo un importante medio de transporte de mercancías, aunque en declive espectacular en la mayoría de los países por la competencia del transporte por carretera.

Reproducción de la locomotora «Rocket» de Robert Stephenson (1829).

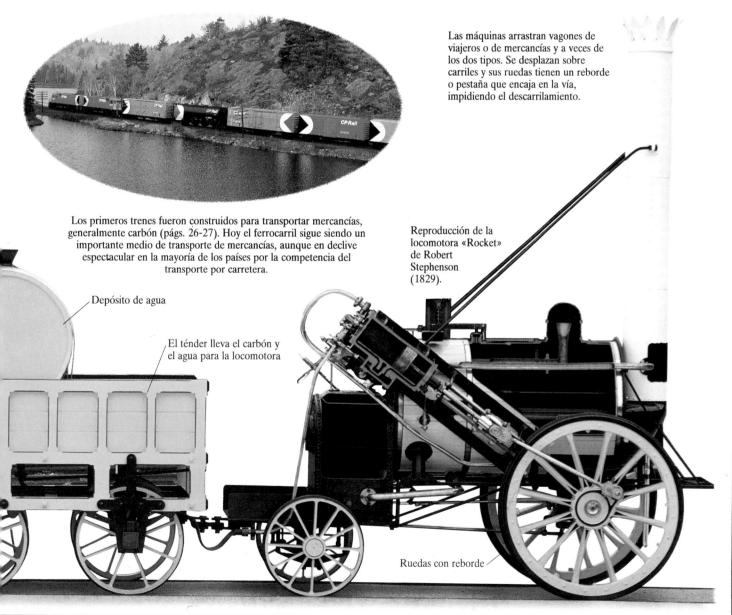

Depósito de agua

El ténder lleva el carbón y el agua para la locomotora

Ruedas con reborde

Los primeros ferrocarriles

Las vías existieron mucho antes de la invención de las máquinas de vapor. Las que conocemos hoy tienen su origen en las minas europeas de mediados del siglo XVI. Para facilitar el trabajo manual, las cargas pesadas eran transportadas en vagones de cuatro ruedas que se desplazaban sobre tablas de madera paralelas. Una clavija bajo el vagón corría entre las tablas, guiando el vehículo. Los ferrocarriles emplearon más tarde diferentes sistemas de guía. Algunos tenían carriles con pestañas para impedir que se salieran las ruedas. Otros eran de carriles lisos, pero las ruedas tenían un reborde (págs. 24-25). Hasta la llegada de la máquina de vapor la fuerza empleada para el transporte era principalmente la del hombre o el caballo.

En los países mediterráneos todavía se hallan rastros de vías según el principio básico del ferrocarril. Los babilonios y sumerios conocían las ventajas de los carriles de losas de piedra. Como su superficie era desigual, se abrían canales en la piedra para guiar a los vehículos, como éstos (*arriba*) de las ruinas de la Pompeya romana.

Algunos de los primeros ferrocarriles británicos fueron destinados al transporte, generalmente cuesta abajo, de carbón desde las minas a los ríos próximos. Un hombre al freno controlaba el descenso. Con el fin de ahorrar energías para el penoso viaje de vuelta utilizaban un vagón especial como éste en donde bajaban los caballos.

Vagón empleado para transportar los caballos cuesta abajo.

Este grabado, de 1752, constituye la primera ilustración de un ferrocarril británico. Empujado a brazo, fue también el primero que en Gran Bretaña utilizó ruedas con reborde.

La diligencia era el medio más rápido de transporte hasta la llegada de los trenes. Los relevos de tiros y unos coches más ligeros permitieron que lograsen una velocidad media de 11,3 km por hora.

Este ferrocarril inglés fue tendido en 1815 para transportar carbón de uso doméstico. Sus carriles eran de hierro de fundición. De los vagones, provistos de ruedas con reborde, tiraban caballos.

Hasta comienzos de siglo, y en algunos casos mucho después, se emplearon vehículos de tracción animal sobre vías para transportar viajeros y mercancías.

Este vagón de carbón se desplaza por la fuerza de la gravedad. El hombre del freno, al que sigue el caballo, controla manualmente su velocidad.

Aunque desde el siglo XVIII se empleaban caballos para tirar de vagones, el primer ferrocarril alemán de vapor no se inauguró hasta 1835 (págs. 16-17).

La carga de carbón que admitía este vagón se convirtió en una medida denominada «chaldron», superior a la tonelada.

Éste es el tipo de vagón de madera utilizado en el nordeste de Inglaterra para transportar carbón desde las minas hasta los barcos del río Tyne. Se cargaba por arriba en la mina y, ya en el muelle, se descargaba sobre la nave, abriendo una trampilla inferior.

Palanca del freno

Rueda con reborde

El alba de la época del vapor

DESDE QUE Thomas Newcomen, en 1712, y James Watt, en 1769, concibieron las primeras máquinas prácticas de vapor, los ingenieros trataron de aprovechar esta fuerza para propulsar un vehículo. El primero de este tipo era difícil de conducir y suscitó tales protestas en las calles de París que el proyecto tuvo que ser abandonado. Las primeras locomotoras funcionales no surgieron hasta comienzos del siglo XIX, aunque padecían aún numerosos problemas técnicos. Las máquinas habían de tener potencia suficiente para arrastrar una carga pesada y hacer tan poco ruido y humo como fuese posible. Exigían también vías lisas que no se partieran bajo su peso y a las que pudieran aferrarse las ruedas.

Este grabado muestra una locomotora construida en 1808 por Richard Trevithick. Desplazaba un vehículo de cuatro ruedas en un circuito abierto al público. Por ese trazado se llamó a la locomotora «Catch me who can».

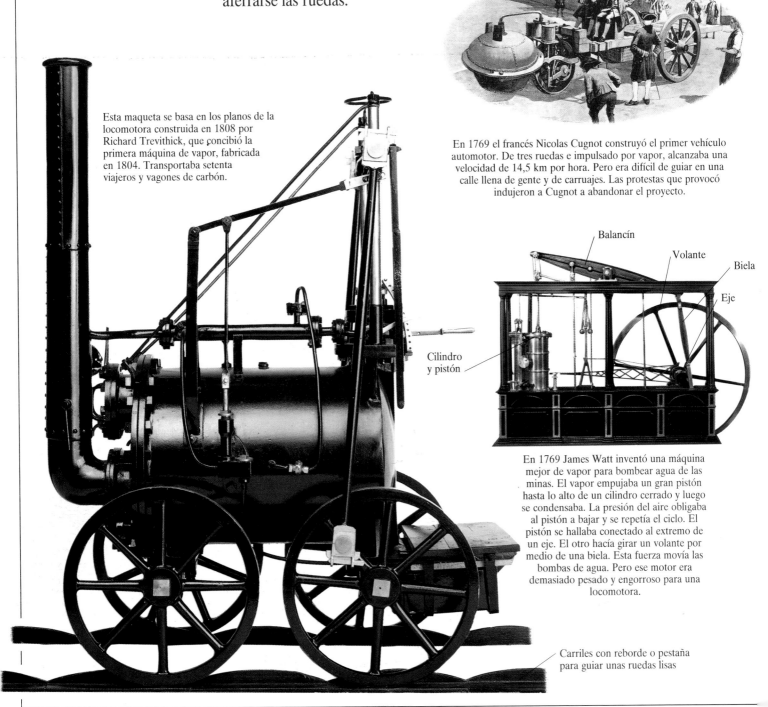

Esta maqueta se basa en los planos de la locomotora construida en 1808 por Richard Trevithick, que concibió la primera máquina de vapor, fabricada en 1804. Transportaba setenta viajeros y vagones de carbón.

En 1769 el francés Nicolas Cugnot construyó el primer vehículo automotor. De tres ruedas e impulsado por vapor, alcanzaba una velocidad de 14,5 km por hora. Pero era difícil de guiar en una calle llena de gente y de carruajes. Las protestas que provocó indujeron a Cugnot a abandonar el proyecto.

Balancín
Volante
Biela
Eje
Cilindro y pistón

En 1769 James Watt inventó una máquina mejor de vapor para bombear agua de las minas. El vapor empujaba un gran pistón hasta lo alto de un cilindro cerrado y luego se condensaba. La presión del aire obligaba al pistón a bajar y se repetía el ciclo. El pistón se hallaba conectado al extremo de un eje. El otro hacía girar un volante por medio de una biela. Esta fuerza movía las bombas de agua. Pero ese motor era demasiado pesado y engorroso para una locomotora.

Carriles con reborde o pestaña para guiar unas ruedas lisas

El primer vehículo terrestre autopropulsado de América fue este lanchón, construido por el herrero y fabricante de embarcaciones Oliver Evans en 1804. Se desplazaba a vapor y, al llegar al agua, se eliminaban las ruedas y proseguía navegando.

En su búsqueda de la locomotora perfecta, los ingenieros trataron de mejorar el agarre de las ruedas. En este grabado de 1812 las ruedas motrices encajan en dientes de las vías.

Esta caricatura de 1828 refleja una impresión imaginaria de las calles de Londres tras la llegada de vehículos impulsados por vapor.

«Puffing Billy» es una de las dos más antiguas locomotoras de vapor que aún se conservan.

«Puffing Billy». Esta locomotora fue construida por William Hedley, en Wylan, Inglaterra septentrional. Arrastraba vagones de carbón desde una mina a un río situado a 8 km. Demostró que, con un buen diseño, una locomotora de ruedas lisas sobre vías igualmente lisas podía tirar de un tren de mercancías. En razón de las protestas provocadas por el ruido y el humo, fue modificada para que el vapor pasase por una cámara «insonorizante» antes de salir por la chimenea.

Pala de carbón empleada en la «Puffing Billy».

Combustible

Aquí se colocaba el maquinista.

Las locomotoras se generalizan

Sello polaco con una locomotora
construida por Robert Stephenson

FUE LA VISIÓN DEL inglés George Stephenson, el «padre de los ferrocarriles», la que dio paso a la época del vapor. Stephenson comprendió que la locomotora era la clave de los ferrocarriles. Con su hijo Robert estableció unos talleres en 1823 y comenzó a construir locomotoras para Gran Bretaña y para todo el mundo. A mediados del siglo XIX la máquina de vapor dominaba el transporte por potencia, simplicidad y solidez. Sus principios básicos permanecerían inmutables hasta que la aparición de las locomotoras diesel-eléctricas o sólo eléctricas señaló el final de la época del vapor (págs. 38-41).

El ferrocarril de Stockton-Darlington se inauguró en Inglaterra en 1825 y fue el primero en utilizar el vapor desde el comienzo. Al principio estuvo reservado a trenes de mercancías y en 1833 comenzó a transportar viajeros.

«El mejor amigo de Charleston» fue la primera locomotora eficaz construida en los Estados Unidos. Entró en servicio en 1830 y realizó el primer servicio regular a vapor del país.

Los directores de los ferrocarriles disponían de pases gratuitos vitalicios.

Pase gratuito grabado en marfil de hacia 1830.

Pase gratuito en oro y esmalte de hacia 1850.

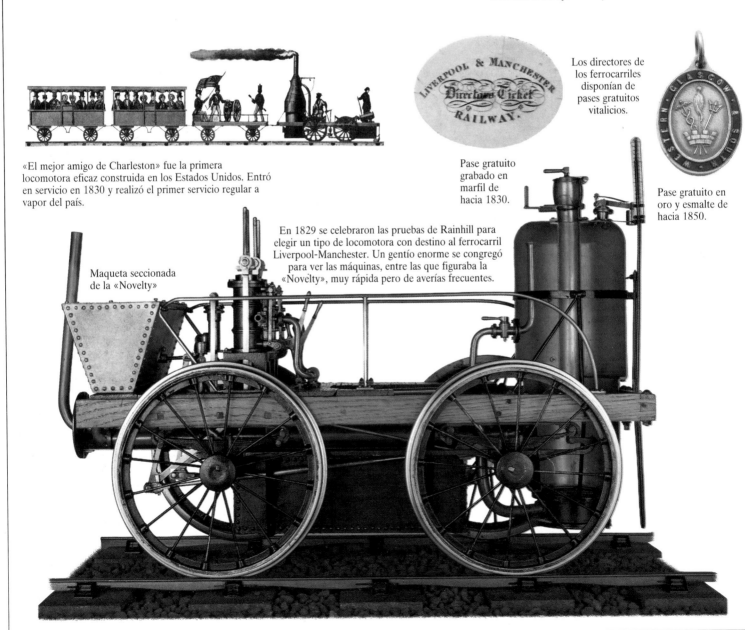

Maqueta seccionada de la «Novelty»

En 1829 se celebraron las pruebas de Rainhill para elegir un tipo de locomotora con destino al ferrocarril Liverpool-Manchester. Un gentío enorme se congregó para ver las máquinas, entre las que figuraba la «Novelty», muy rápida pero de averías frecuentes.

Tras el éxito del ferrocarril Liverpool-Manchester, pronto se extendieron las líneas férreas por toda Europa. El grabado muestra el primer tren entre Leipzig y Dresde en la Alemania de 1837.

Hacia mediados del siglo XIX comenzaron a correr los trenes en Estados Unidos. Sus locomotoras eran inconfundibles gracias a unos grandes faroles, botaganados de madera para apartar las reses de las vías y campanas de bronce que prevenían de su llegada.

Robert Stephenson

A partir de 1920 corrían por el mundo expresos famosos. Uno de los más célebres fue el «Flying Scotsman» que hacía el trayecto de 633 km entre Londres y Edimburgo, en Escocia.

«Rocket» es una de las locomotoras más famosas del mundo. Participó en las pruebas de Rainhill de 1829 y ganó la competición. Afirmó así la superioridad del vapor sobre el caballo. Robert Stephenson fue en buena medida responsable de su diseño.

Locomotora «Rocket», construida en 1829.

Cómo funciona una locomotora de vapor

Todas las locomotoras de vapor se basan en los principios de las primeras. El fuego de carbón en el hogar calienta el agua de la caldera, produciendo vapor. Éste desplaza un pistón de un lado a otro. El pistón hace girar las ruedas a través de una biela y un cigüeñal. Maquinista y fogonero necesitan unas tres horas hasta conseguir vapor suficiente para que se mueva la locomotora.

Locomotora norteamericana de vapor.

Carbón y agua son transportados en el ténder, tras la locomotora.

Depósito de agua

Depósito de carbón

Las locomotoras se distinguen a menudo por su tracción. Ésta tiene una disposición de 4-6-2 ruedas, cuatro delanteras, seis de tracción y dos posteriores.

Morro de la locomotora

La caldera contiene tubos de humos, rodeados por agua

Dos ruedas posteriores

Válvula de regulación

Seis ruedas de tracción

Cuatro ruedas delanteras

Recalentador

El carbón arde en la caja de fuegos

Barra que conecta el movimiento de las ruedas

Eje de acoplamiento

Biela

Esta locomotora tiene seis ruedas acopladas de tracción

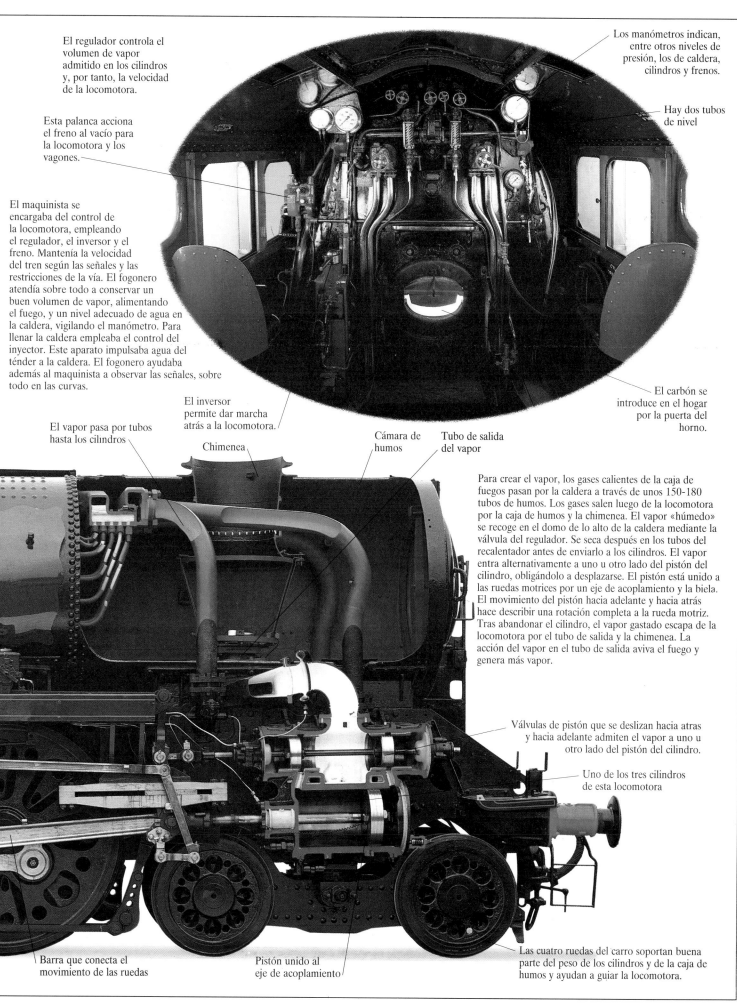

El regulador controla el volumen de vapor admitido en los cilindros y, por tanto, la velocidad de la locomotora.

Los manómetros indican, entre otros niveles de presión, los de caldera, cilindros y frenos.

Esta palanca acciona el freno al vacío para la locomotora y los vagones.

Hay dos tubos de nivel

El maquinista se encargaba del control de la locomotora, empleando el regulador, el inversor y el freno. Mantenía la velocidad del tren según las señales y las restricciones de la vía. El fogonero atendía sobre todo a conservar un buen volumen de vapor, alimentando el fuego, y un nivel adecuado de agua en la caldera, vigilando el manómetro. Para llenar la caldera empleaba el control del inyector. Este aparato impulsaba agua del ténder a la caldera. El fogonero ayudaba además al maquinista a observar las señales, sobre todo en las curvas.

El carbón se introduce en el hogar por la puerta del horno.

El inversor permite dar marcha atrás a la locomotora.

Cámara de humos

Tubo de salida del vapor

El vapor pasa por tubos hasta los cilindros

Chimenea

Para crear el vapor, los gases calientes de la caja de fuegos pasan por la caldera a través de unos 150-180 tubos de humos. Los gases salen luego de la locomotora por la caja de humos y la chimenea. El vapor «húmedo» se recoge en el domo de lo alto de la caldera mediante la válvula del regulador. Se seca después en los tubos del recalentador antes de enviarlo a los cilindros. El vapor entra alternativamente a uno u otro lado del pistón del cilindro, obligándolo a desplazarse. El pistón está unido a las ruedas motrices por un eje de acoplamiento y la biela. El movimiento del pistón hacia adelante y hacia atrás hace describir una rotación completa a la rueda motriz. Tras abandonar el cilindro, el vapor gastado escapa de la locomotora por el tubo de salida y la chimenea. La acción del vapor en el tubo de salida aviva el fuego y genera más vapor.

Válvulas de pistón que se deslizan hacia atras y hacia adelante admiten el vapor a uno u otro lado del pistón del cilindro.

Uno de los tres cilindros de esta locomotora

Barra que conecta el movimiento de las ruedas

Pistón unido al eje de acoplamiento

Las cuatro ruedas del carro soportan buena parte del peso de los cilindros y de la caja de humos y ayudan a guiar la locomotora.

Los caminos de hierro se extienden por el mundo

En 1830 EL PRIMER FERROCARRIL «moderno» de Inglaterra suscitó enorme interés. Acudieron a verlo y a utilizarlo personas de muchos países que, cuando decidieron tener sus propios trenes, optaron en buena parte por los modelos británicos de locomotoras, vagones y vías. Y al principio se construyeron en Gran Bretaña. Cada nación comenzó a modificar diseños y pronto fabricó su propio equipo. Hacia mediados de los años treinta del siglo XIX, los Estados Unidos exportaban a Europa locomotoras de vapor. Los ferrocarriles tuvieron un gran impacto en todos los aspectos de la vida, desde el comercio a los viajes. En los Estados Unidos, por ejemplo, salvaron las vastas distancias que habían constituido una barrera a la apertura del continente (págs. 18-19).

El primer ferrocarril alemán de vapor se inauguró en 1855 entre Nuremberg y Fürth en una línea de 8 km. La locomotora inglesa que aquí aparece recibió el nombre de *Der Adler* (El Águila).

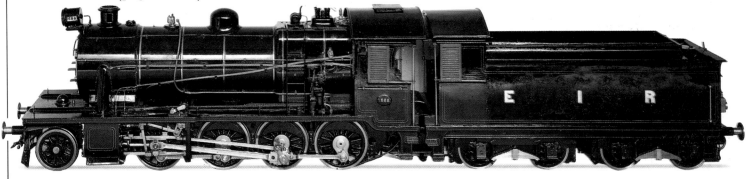

El dominio británico en la India hasta 1947 supuso que gran parte de su equipo ferroviario procediese de la metrópoli. Esta maqueta muestra un diseño típico de locomotora construida en Gran Bretaña para East Indian Railways. Se añadieron detalles como las persianas en las ventanillas de la cabina y el gran foco.

En 1872 se abrió en Japón la primera vía férrea. En esta xilografía contrasta la tecnología moderna de la época, la locomotora de vapor, con las formas tradicionales de transporte como los carruajes hipomóviles y de tracción humana.

Barandilla

Máquina de vapor

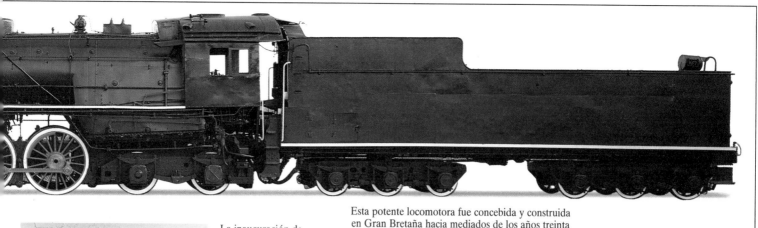

La inauguración de ferrocarriles públicos suscitó un gran interés. Este grabado muestra el primer tren público de vapor en Francia, inaugurado en 1837. La línea se extendía por el noroeste entre París y Le Pecq.

Esta potente locomotora fue concebida y construida en Gran Bretaña hacia mediados de los años treinta de este siglo para los ferrocarriles chinos. Era más ancha y alta de lo tolerable en Gran Bretaña o el continente europeo. El ténder es muy grande, para llevar un gran volumen de agua y carbón con el fin de arrastrar trenes pesados en largas distancias.

Esta maqueta corresponde a una locomotora construida en 1843 por William Norris de Filadelfia y exportada a Austria. Se hallaba especialmente concebida para salvar grandes pendientes y curvas cerradas.

Más tarde se usarían en África, la India, Australia y la propia Gran Bretaña locomotoras articuladas más potentes de este tipo (conocido como Beyer-Garratt).

Modelo construido en Gran Bretaña en 1909 para Tasmania. Fue la primera de un nuevo tipo de locomotoras articuladas para vías de curvas cerradas. Las potentes locomotoras de esta clase tenían una máquina giratoria de vapor a cada extremo del bastidor principal, que soportaba la caldera y la cabina.

Los ferrocarriles norteamericanos

El 10 de mayo de 1869 quedó por fin terminada la vía férrea de este a oeste de Norteamérica al poner el último clavo, de oro, en la conexión del Union Pacific Railroad y el Central Pacific Railroad.

EN POCAS NACIONES influyó tanto un medio de transporte como el ferrocarril en los Estados Unidos. En Europa los ferrocarriles surgieron para unir ciudades, pero en Norteamérica crearon muchas poblaciones en un continente enorme y relativamente vacío. El progreso fue veloz. Para 1869 los viajeros podían cruzar el país por tren de este a oeste. A comienzos del XX la mayoría de los norteamericanos vivían a menos de 40 km de una vía férrea. Luego el tren declinó, en parte por la competencia del transporte por vía aérea y por carretera. Ahora hay signos de recuperación del ferrocarril en áreas en donde se han reconocido las ventajas de los trenes eléctricos, que evitan la congestión y la contaminación de las carreteras.

Con chimenea alta mejoraba el tiro y rendía más la locomotora, pero a condición de que no hubiera puentes sobre la vía.

En 1830 «Tom Thumb», una pequeña locomotora, realizó su primera prueba en un tramo de 21 km del Baltimore and Ohio Railroad. Compitió también con un vagón tirado por un caballo. Ganó el caballo.

El «León de Stourbridge», primera locomotora norteamericana de ruedas con reborde, fue construida en Inglaterra en 1829. Era muy semejante a «Agenoria» (*arriba*), destinada a Inglaterra.

Ruedas con reborde

Cabina del maquinista

Ténder

El primer tren del estado de Nueva York fue arrastrado por la locomotora «De Witt Clinton» el 19 de agosto de 1831. Los vagones eran poco más que diligencias. Los viajeros iban dentro o sobre los vagones.

Pronto se advirtió el potencial que brindaba el tendido de ferrocarriles que abrían el continente. El tren desempeñaría un papel importante en el desarrollo y la riqueza de muchas poblaciones norteamericanas.

Durante el tendido de líneas al oeste de Chicago, los trenes eran a menudo atacados por los indios. No sin motivo. Los indios trataban de defender su estilo de vida que estaba en peligro. Los promotores que llegaron tras los ferrocarriles les arrebataban sus tierras y sus cotos de caza.

Eje giratorio

El botaganado impide que las reses hagan descarrilar a la locomotora.

Una de las primeras locomotoras de cuatro ruedas construida por Stephenson. Llegó de Inglaterra en 1831. Tendía a descarrilar y fue dotada de un eje giratorio sobre dos ruedas por delante de las motrices, así como de un botaganado.

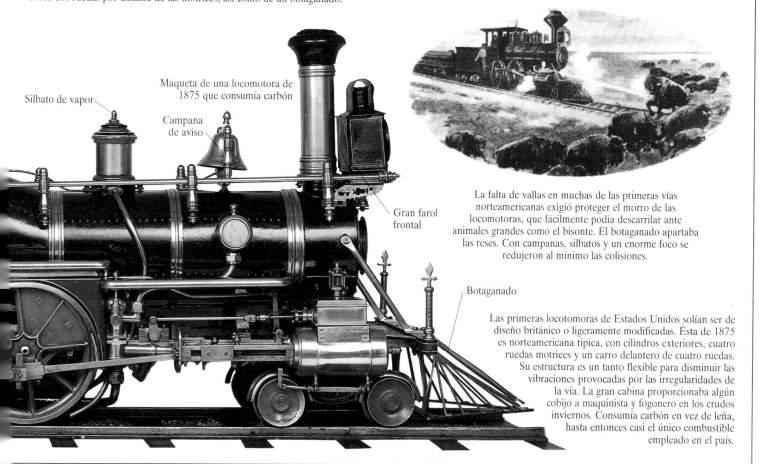

Silbato de vapor

Maqueta de una locomotora de 1875 que consumía carbón

Campana de aviso

Gran farol frontal

La falta de vallas en muchas de las primeras vías norteamericanas exigió proteger el morro de las locomotoras, que fácilmente podía descarrilar ante animales grandes como el bisonte. El botaganado apartaba las reses. Con campanas, silbatos y un enorme foco se redujeron al mínimo las colisiones.

Botaganado

Las primeras locotomoras de Estados Unidos solían ser de diseño británico o ligeramente modificadas. Ésta de 1875 es norteamericana típica, con cilindros exteriores, cuatro ruedas motrices y un carro delantero de cuatro ruedas. Su estructura es un tanto flexible para disminuir las vibraciones provocadas por las irregularidades de la vía. La gran cabina proporcionaba algún cobijo a maquinista y fogonero en los crudos inviernos. Consumía carbón en vez de leña, hasta entonces casi el único combustible empleado en el país.

El tendido de una línea férrea

Pico de obrero

EL TENDIDO DE UNA línea supone más trabajo del que podría imaginarse. Como los trenes no pueden remontar cuestas muy pendientes, quizá la distancia más corta entre dos puntos no sea la más fácil. A menudo han de seguir trazados más largos y menos abruptos. Para mantener las vías en el mismo nivel tanto como sea factible hay que hacer terraplenes, tajos, puentes y túneles. El ingeniero selecciona la ruta, decidiendo cuál puede ser la pendiente máxima. También hay que tomar en consideración el tipo de trenes que se utilizarán y el equilibrio entre velocidad y carga. Cabe evitar con «eses» o espirales las cuestas muy pronunciadas. Puentes y túneles son caros, pero permiten un trazado más corto y horizontal.

En el tendido de los primeros ferrocarriles se utilizaban herramientas básicas como este pico, palas, cuévanos (para transportar ladrillos), carretillas, cabrias simples y andamiaje de madera. Se usaba pólvora negra para perforar las peñas. Los numerosos obreros vivían en poblados improvisados junto a la línea.

En las primeras trincheras en la roca, como ésta abierta en 1831, se emplearon sólo primitivas herramientas manuales. Se necesitaban muchos obreros y años de esfuerzo. Gran parte de la roca obtenida era destinada al firme de otras vías.

En el siglo XIX, las cuadrillas de obreros que tendían los ferrocarriles norteamericanos solían vivir junto a la línea, en vagones enganchados a locomotoras de vapor. El tren se desplazaba con el tendido y les proporcionaba calefacción y auga caliente. Otros trenes les llevaban suministros y carriles. La tierra y las rocas recogidas en las trincheras se empleaban a menudo en la construcción de terraplenes. El puente de la fotografía fue construido con madera del bosque próximo.

Obreros norteamericanos, 1885.

Para tender un puente sobre un río había que hacer en el centro una isla provisional de peñas o clavar postes en el lecho. Entonces podía comenzar la obra. Las piezas del puente descendían río abajo hasta encajar en su lugar. Este primitivo puente de arco fue alzado sobre caballetes. El arco está concebido para hacer de contrapeso en el tramo que soporta mayor carga. Este diseño fue muy empleado en los ferrocarriles.

Maqueta de un puente de arco en madera, 1848

Puente Royal Albert, cerca de Plymouth, diseñado por Brunel en 1859

Hay muy distintos puentes ferroviarios según la geografía local. Los de contrapeso se utilizan cuando es necesario salvar un gran espacio, por ejemplo, sobre el agua. Los puentes de tramo recto surgen del simple concepto de un tronco tendido sobre un arrroyo. Éstos suelen tener varios pilares de construcción sólida. Los puentes de caballetes, en madera o acero, son semejantes a los de tramo recto. Los de arco disponen de un soporte curvado. Algunos puentes como el Royal Albert, cerca de Plymouth (*a la izquierda*), no están basados en un solo diseño, sino que responden a una mezcla de varios.

La construcción de un túnel submarino es una gran hazaña de la ingeniería. El Túnel del Canal enlazará por tren Gran Bretaña y Francia (págs. 62-63). Tiene una longitud de 49,8 km (38,6 bajo el mar). La construcción es muy automatizada. Las máquinas lo perforaron desde una y otra orilla hasta encontrarse. Luego fueron enterradas porque hubiera sido muy difícil sacarlas. El túnel quedará abierto al tráfico de pasajeros en 1993.

Isambard Kingdom Brunel (1806-1859) fue un notable ingeniero industrial y de obras públicas, responsable de la construcción de grandes puentes y túneles ferroviarios británicos.

Muchos ferrocarriles han sido financiados por títulos y bonos oficiales. Este certificado de bonos de oro fue expedido por el Gobierno de los Estados Unidos para apoyar la construcción ferroviaria. Los ferrocarriles de diversos países han sido nacionalizados o tienen una amplia subvención oficial.

Las estaciones (págs. 48-49) han sido preparadas para facilitar la llegada y la salida de viajeros y para proporcionarles servicios en el recinto.

Los puentes sobre grandes ríos tienen que ser bastante altos para no estorbar el paso de los barcos que circulan bajo ellos.

La superación de obstáculos

A MEDIDA QUE CRECIERON las redes ferroviarias, se prestó cada vez más atención a los obstáculos que limitaban o impedían su desarrollo. Al principio eran sobre todo físicos, obra de la naturaleza del suelo en la ruta, como valles profundos, colinas y montes, grandes ríos o lagos. Poco a poco, con el progreso técnico en ingeniería, estos obstáculos fueron superados. Se tendieron puentes más largos en hondos valles y gargantas de lugares remotos. Se construyeron ferrocarriles capaces de salvar las montañas más abruptas. Hoy la situación es muy distinta. Ya hay muchos trenes de alta velocidad que circulan por vías especialmente concebidas y casi independientes del terreno que atraviesan. Ahora los obstáculos ante el ferrocarril son principalmente económicos y financieros.

El puente del puerto de Sydney, Australia, es un rasgo típico de la ciudad. Pero también tiene fama por contar con el arco de acero más ancho del mundo (503 m). Abierto en 1932 con dos vías férreas y dos de tranvías, ahora posee ocho carriles para el tráfico rodado, un andén de peatones y una pista de bicicletas.

Para los trenes que recorrían terrenos abruptos con fuertes pendientes y curvas cerradas se requerían locomotoras potentes. Las normales de este tipo eran por lo común largas y pesadas, lo que hacía difícil salvar las curvas. Un modo de soslayar el problema consistió en modificar las ruedas. Bajo el bastidor que portaba la caldera se incorporaron carretillas giratorias. Así podían adaptarse a las curvas.

Maqueta de locomotora-ténder Kitson-Meyer de 1903 destinada a Chile.

Desde mediados del siglo XIX se emplearon barcos para transportar trenes. Los pasajeros no tienen que abandonar su vagón en todo el trayecto.

En 1873 se inauguró un ferrocarril que ascendía al monte Rigi, Lucerna, mediante un engranaje de cremallera para remontar cuestas pronunciadas. Fue el primero de su clase en Europa. Entre los carriles se tendía una vía dentada que engranaba con una rueda motriz de la locomotora. En marcha atrás controlaba el descenso del tren.

La subida en tren a las montañas se convirtió durante el siglo XIX en una gran atracción turística. El ferrocarril del monte Snowdon de Gales, inaugurado en 1896, empleaba un sistema de cremallera para salvar las pendientes.

Uno de los mayores puentes fue el construido sobre el Firth of Forth en Escocia. Inaugurado en 1890, es el más antiguo puente ferroviario de contrapeso (págs. 20-21) y todavía está en uso.

Locomotora de una sola caldera, pero con dos máquinas de vapor (cada una con su chimenea) sobre carros giratorios. Así conseguía potencia suficiente para remontar cuestas muy empinadas.

El primer tren de cremallera se inauguró en 1869 en New Hampshire, Estados Unidos, para ascender al monte Washington. Originariamente se empleó un bastidor de hierro forjado, como una escalera, con inclinación máxima de 1 a 3 (una unidad en vertical por cada tres a lo largo de la cuesta). En un ferrocarril normal se estima abrupta una pendiente de 1 a 30.

Carro motor giratorio para salvar curvas cerradas.

Las vías

LAS VÍAS han sido decisivas en la historia de los trenes. Mucho antes de que llegase la locomotora se empleaban los carriles para guiar el paso de vagones. Pero los primeros carriles de hierro fundido se rompían fácilmente. No fue posible sacar todo el partido a la locomotora hasta contar con carriles más resistentes. Los de hierro fundido fueron reemplazados por otros de hierro forjado y a partir de 1870 se utilizaron los de acero, que apenas se desgastan. Las vías se mejoraban constantemente para adaptarse a trenes más pesados y veloces. La mayoría de las líneas principales tienen ahora carriles soldados en vez de los segmentados que antaño producían el característico traqueteo. La distancia entre los carriles se denomina ancho de vía y varía en todo el mundo. Muchos ferrocarriles, sobre todo los que atraviesan un terreno abrupto, son de vía estrecha, de tendido y mantenimiento más baratos y rápidos.

El trazado de vías en las proximidades de las grandes estaciones puede ser extremadamente complejo. Para que los trenes cambien de vía se instalaron agujas junto con complicados cruces en rombo sobre los carriles. En la actualidad tales tendidos han sido simplificados en la medida de lo posible.

El tendido de las primeras líneas suponía un trabajo arduo, con grandes cuadrillas para alzar y colocar los carriles. Escaseaba la maquinaria, pero la mano de obra era con frecuencia abundante y barata. Ese trabajo está ahora casi del todo automatizado.

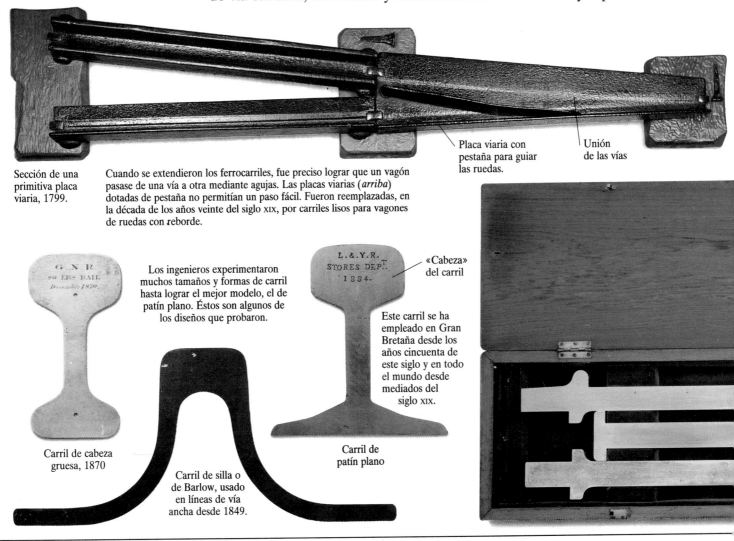

Sección de una primitiva placa viaria, 1799.

Cuando se extendieron los ferrocarriles, fue preciso lograr que un vagón pasase de una vía a otra mediante agujas. Las placas viarias (*arriba*) dotadas de pestaña no permitían un paso fácil. Fueron reemplazadas, en la década de los años veinte del siglo XIX, por carriles lisos para vagones de ruedas con reborde.

Placa viaria con pestaña para guiar las ruedas.

Unión de las vías

Los ingenieros experimentaron muchos tamaños y formas de carril hasta lograr el mejor modelo, el de patín plano. Éstos son algunos de los diseños que probaron.

«Cabeza» del carril

Este carril se ha empleado en Gran Bretaña desde los años cincuenta de este siglo y en todo el mundo desde mediados del siglo XIX.

Carril de cabeza gruesa, 1870

Carril de silla o de Barlow, usado en líneas de vía ancha desde 1849.

Carril de patín plano

Pestaña exterior para guiar ruedas lisas (sin reborde).

Los primeros carriles, como esta placa de 1808, eran de hierro fundido en segmentos cortos y apoyados en piedras.

Una rueda con reborde encaja sobre un carril de cabeza lisa.

Estos carriles de hierro fundido fueron concebidos para ofrecer más resistencia. La parte central, más ancha, estaba así diseñada para soportar mejor el peso de la carga.

Unas bridas de madera sujetan el carril a la base.

Un tornillo puntiagudo sujeta la base a la traviesa.

Base de hierro fundido

Traviesa de madera

Esta sección de carril de acero de cabeza gruesa va sujeta por bridas de madera sobre la base de hierro fundido. La base va unida a la traviesa mediante grandes tornillos.

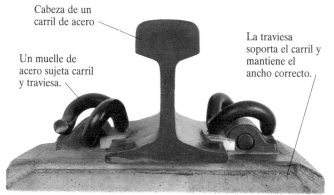

Cabeza de un carril de acero

La traviesa soporta el carril y mantiene el ancho correcto.

Un muelle de acero sujeta carril y traviesa.

Los modernos carriles de patín plano son de acero. Descansan en un cojinete de goma que va sujeto a la traviesa de hormigón por medio de un muelle de acero. Los primeros carriles de patín plano iban unidos directamente con clavos a las traviesas de madera.

Las posibilidades dramáticas del tren fascinaron a los primeros cineastas. Aquí la heroína ha sido atada a una vía de carriles lisos.

En donde se encontraban vías de anchos distintos podían surgir dificultades. El transbordo suponía a los viajeros innumerables molestias, sobre todo si llevaban un gran equipaje. También era considerable el coste añadido del transbordo de mercancías.

Se empleaban carriles especiales de acero para comprobar el ancho de vía. La distancia se medía desde el borde interior de un carril al del otro. El ancho estándar en Gran Bretaña y en muchos otros países, incluyendo la mayoría de los de Europa y Norteamérica, es de 1.435 mm. Hay otras medidas mayores y menores que la estándar.

F.D. BANISTER Esq, C.E.

Trenes de mercancías

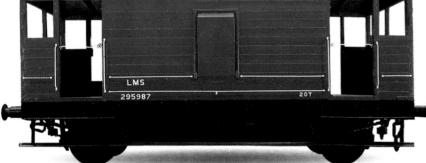

Desde 1820 el tren lleva cargas voluminosas. Este sello de Alemania Oriental muestra cómo el transporte ferroviario de mercancías pesadas ayuda a descongestionar el tráfico por carretera.

LOS PRIMEROS TRENES de mercancías llevaban carbón o minerales y consistían en dos o tres vagones tirados por un caballo. Pero el auge de la locomotora (págs. 10-11) permitió que fuesen más largos y rápidos, abaratando el transporte. Al crecer las redes ferroviarias, se usaron trenes similares para llevar materias primas a las fábricas y distribuir manufacturas. En un principio todos los trenes de mercancías eran lentos porque su primitivo sistema de frenos no podía detenerlos en cuanto surgía una emergencia. La evolución técnica ha hecho ya posible que los trenes de mercancías puedan alcanzar los 100 km por hora.

A partir de 1830 los ferrocarriles públicos contaron con trenes de vapor, tanto de viajeros como de mercancías. Éstas eran muy variadas, incluyendo, hasta hace poco, animales vivos.

La mayoría de los trenes de mercancías eran de vagones sin frenos. El único medio de controlar el convoy consistía en aplicar el freno en la locomotora y en el vagón destinado al efecto. Tales frenos eran tan débiles que hasta los trenes cortos no podían superar los 50 km por hora.

La mayoría de los trenes de hoy suelen cargarse y descargarse automáticamente y cada uno lleva el mismo tipo de mercancías. Antes, cada vagón solía portar una carga diferente. En los almacenes las mercancías eran trasladadas luego a camiones por medios de grúas.

En 1939 la locomotora diesel eléctrica demostró en los Estados Unidos que podía superar al vapor. Hacia mediados de los cincuenta la mayoría de los trenes de mercancías eran arrastrados por máquinas diesel.

Garfio metálico de forma especial.

Durante muchos años los vagones se unían con tres cadenas. La maniobra suponía el riesgo de aplastamiento entre dos unidades, por lo que se usó este garfio para tornarla más rápida y segura.

STANTON

9988

TARE 7~4~3

LOAD 12 TONS

Vagón de carbón de la mina de Stanton, en el norte de Inglaterra.

Portilla lateral para la descarga

Freno de mano

Gran parte del tráfico de mercancías en Gran Bretaña era de trenes carboneros. Durante muchos años el carbón fue transportado en vagones, propiedad de las minas y con una capacidad de 12 toneladas. Solían cargarse automáticamente por arriba, pero a menudo eran descargados con palas por obreros.

La mayoría de los trenes de mercancías son ahora de vagones especiales para carbón, petróleo o materiales de construcción. Todos tienen frenos de aire accionados por el maquinista. Así pueden viajar sin riesgo a 100 km por hora.

Todos los trenes llevan ahora una luz roja de cola para indicar que están completos. Esa luz eléctrica alimentada por unas pilas es intermitente.

ASS   LINED
D   DAIRIES
TANK

M*S   44057   SHUNT WITH CARE

El ferrocarril mejoró la dieta y la salud de la población gracias al transporte rápido de leche y pescado de las zonas rurales a las ciudades. A partir de los años treinta de este siglo la leche fue transportada en cisternas revestidas de un cristal especial y dotadas de frenos accionados por el maquinista.

Primera, segunda y tercera clase

LOS PRIMEROS TRENES eran muy distintos de los cómodos y espaciosos ferrocarriles de hoy. Tenían tres clases diferentes, en función del precio del billete. La mejor, primera, era un compartimento cerrado, semejante a una diligencia, con ventanillas acristaladas y asientos mullidos. El de segunda era abierto con asientos, mientras que en tercera no los había. Los viajeros estaban a merced de la lluvia o del frío. Cuando los trenes mejoraron, los vagones fueron dotados de calefacción y pasillos que permitían el acceso a los aseos y al coche-restaurante, además de facilitar la tarea del revisor.

Esta clase disponía de vagones espaciosos y cómodos en donde era incluso posible mantener una conversación privada. Durante la segunda mitad del siglo XIX se consideraba el viaje en tren como una agradable aventura.

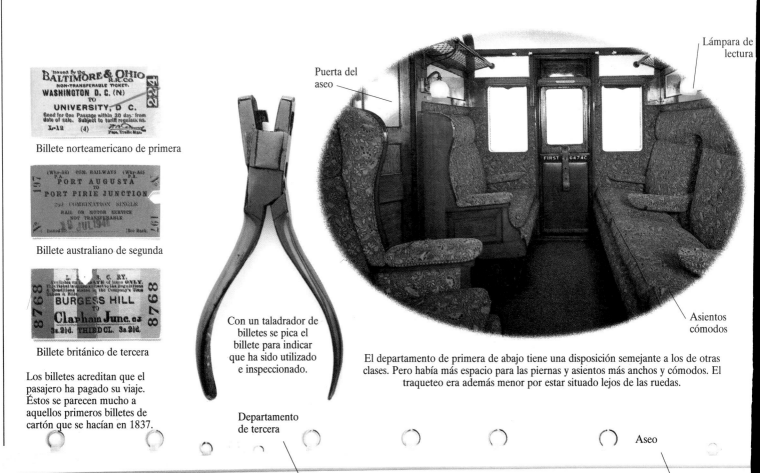

Billete norteamericano de primera

Billete australiano de segunda

Billete británico de tercera

Los billetes acreditan que el pasajero ha pagado su viaje. Éstos se parecen mucho a aquellos primeros billetes de cartón que se hacían en 1837.

Con un taladrador de billetes se pica el billete para indicar que ha sido utilizado e inspeccionado.

Puerta del aseo

Lámpara de lectura

Asientos cómodos

El departamento de primera de abajo tiene una disposición semejante a los de otras clases. Pero había más espacio para las piernas y asientos más anchos y cómodos. El traqueteo era además menor por estar situado lejos de las ruedas.

Departamento de tercera

Aseo

Los grabados de los primitivos trenes de viajeros (hacia 1830) muestran vagones cerrados de primera, con el equipaje y guardias en el techo. Los de segunda y tercera eran abiertos.

Aseo

El desarrollo ferroviario y de los barcos de vapor impulsó la inmigración en el siglo XIX. Sobre todo en Norteamérica, cuando los trenes unieron la costa oriental primero con el centro y luego con la occidental. Tras cruzar el Atlántico, los inmigrantes iban al oeste en abarrotados trenes especiales.

Comparado con el de primera, el departamento de segunda era más sencillo y ofrecía menos sitio para las piernas. En parte porque apenas se diferenciaba de las otras, la segunda desapareció casi por completo de los trenes británicos al poco tiempo de la construcción de este vagón.

Carteles publicitarios de los lugares de destino.

Al principio, el viaje en tercera era muy diferente del de primera. En el mismo espacio se hacinaban tres o cuatro veces más viajeros de todas las edades.

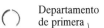

Este departamento de tercera está muy sencillamente equipado y dispone de poco espacio. Sin embargo, resulta casi lujoso si se compara con los duros asientos y el hacinamiento de viajeros de los primeros departamentos de esta clase barata. Va situado sobre las ruedas y sus ocupantes han de soportar ruido y traqueteo.

Cuando no eran utilizados, se cerraban los vagones como medida de seguridad. La cerradura era muy sencilla y se accionaba con una llave cuadrada.

Este vagón de 1904 (*abajo*) es insólito porque disponía de departamentos de primera, segunda y tercera, sin pasillo de unión. Cada departamento tenía acceso a un aseo. No tenía pasillo para ir a otro vagón, así que podía desengancharse sin dificultad del tren.

Departamento de primera

Departamento de segunda

Pase gratuito de primera en oro para directores y alto personal del ferrocarril.

Viajes de lujo

Desde 1850 los ferrocarriles de Europa y los Estados Unidos ofrecían a sus viajeros diversas comodidades como calefacción, luz, aseos y restaurante, especialmente en largos recorridos. En Norteamérica, George Pullman introdujo los primeros coches-cama en 1865 y luego restaurante en primera. Poco después las compañías ferroviarias comenzaron a construir hoteles junto a las estaciones principales. A partir de entonces la rápida difusión de los coches-cama y coches-restaurante, así como de los hoteles ferroviarios, hizo del viaje por tren una cuestión de lujo para los viajeros más acomodados.

Pase ferroviario de Pullman

Pase gratuito francés

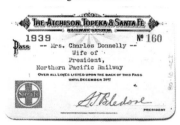

Pase gratuito del ferrocarril de Atchison, Topeka & Santa Fe

Los directores de ferrocarriles podían viajar en primera con pase gratuito, tanto en su país como en el extranjero.

Los coches-restaurante de primera utilizaban vajillas que ahora buscan los coleccionistas. Ésta de desayuno es de los años treinta de este siglo y muestra una cenefa dorada con rosas.

Para quienes podían permitírselo, el coche-restaurante ofrecía una calidad excelente con la ventaja de un constante cambio de paisaje.

En los años veinte y treinta estaba de moda el tren. Los ferrocarriles modernos, sobre todo de Europa, todavía utilizan en su publicidad imágenes de viajeros elegantes de aquel período.

Hasta cócteles servían en los coches-restaurante británicos de primera. Cada compañía tenía su monograma que adornaba la cristalería, los cubiertos y la porcelana.

Los famosos trenes de lujo han servido de escenario a muchas novelas y películas como *Asesinato en el Orient Express,* de Agatha Christie (*a la izquierda*).

El emblema de la British Pullman Company figuraba en el exterior de todos sus vagones, en servicio desde 1874 a la última década (*a la derecha*).

Marquetería fina en las paredes

Timbre para llamar al camarero.

Desde 1870 estos vagones norteamericanos contaban con todo lo preciso para un largo viaje. Los viajeros podían participar en los himnos dominicales. Al fondo, camas plegables.

Interior del vagón Pullman *Topaz* de 1914 (*izquierda*), último grito en comodidad. Estos vagones británicos tenían fama por su marquetería (*arriba*). Todos los asientos eran sillones, con una mesa con cristal y lamparita de bronce. Se servían aperitivos y comidas. En los extremos del vagón había departamentos privados de cuatro asientos, llamados cupé.

Ventanilla ovalada del lavabo   Puerta de cupe   Lamparita de mesa en bronce

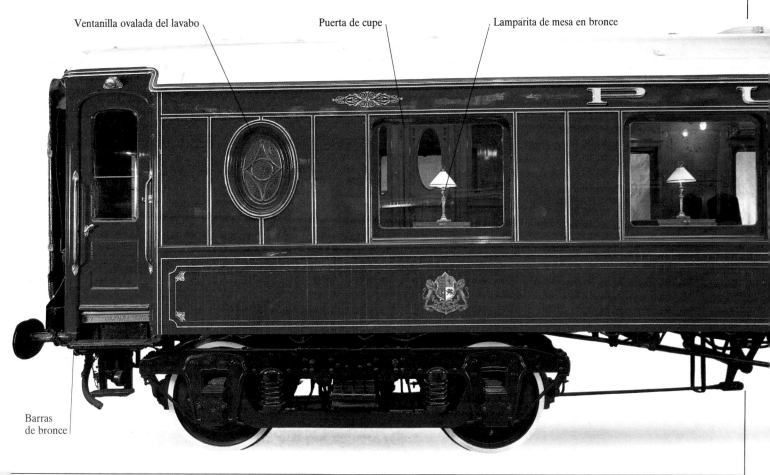

Barras de bronce

Cambio de agujas

L<small>A SALA DE AGUJAS</small> desempeña un papel vital en la seguridad. Al principio se prevenían los choques mediante intervalos de tiempo. Los ferroviarios indicaban con banderas o bastones cuándo podía arrancar un convoy. Si el tren tenía que cambiar de dirección en un empalme, accionaban a mano la aguja para que fuese a la vía oportuna. La invención del telégrafo eléctrico a mediados del siglo XIX permitió utilizar a lo largo de la línea un código de timbrazos y asignar a cada tren un espacio denominado «bloque».

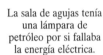

La sala de agujas tenía una lámpara de petróleo por si fallaba la energía eléctrica.

El timbre transmite mensajes codificados de las salas de agujas anterior y posterior a ésta.

Palanca amarilla para señal de prevención a larga distancia.

Dos palancas rojas para señales de alto en posición de «paso libre».

Las palancas azules controlan los seguros de agujas; las palancas negras, las agujas y las blancas están de reserva.

Esta sala posee 40 palancas para señales y agujas. Arriba hay instrumentos eléctricos para enviar y recibir señales de las salas anterior y posterior. Otros indican si en una u otra dirección se halla ocupada la línea por un tren. Para que nada falle, existen además «bloqueos» de precaución entre instrumentos, señales y vía. Así se logra que los trenes estén correctamente señalados en los indicadores y que no pueda pasarse por alto a un convoy que haya sufrido una avería.

La moderna sala de agujas informatizada es muy diferente de la antigua de acción manual, aunque siga basada en el sistema de bloques. Esta sala moderna controla la línea en muchos kilómetros en cada dirección. En una gran pantalla aparecen agujas, señales y la localización de los trenes. Gracias a motores eléctricos, basta con apretar botones para que funcionen las señales y cambien las agujas.

Este aparato indicaba al guardagujas el estado de la línea entre su sala y la anterior.

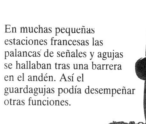

En muchas pequeñas estaciones francesas las palancas de señales y agujas se hallaban tras una barrera en el andén. Así el guardagujas podía desempeñar otras funciones.

Instrumento eléctrico para vía única

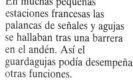

Cuando un guardagujas quería preguntar si estaba libre el siguiente tramo de la línea, empleaba este aparato para enviar señales codificadas a las salas anterior y posterior a la suya.

Para accionar las agujas y las señales, el guardagujas manejaba las palancas, conectadas a un sistema de vástagos para las agujas y de cables para las señales.

Controles para un trayecto en sentido opuesto bloqueados hasta que la línea estuviese libre.

Operadas manualmente a comienzos de siglo, las salas de agujas se alzaban a veces sobre el nivel del terreno para facilitar la instalación del mecanismo. Una moderna sala de agujas puede desempeñar la tarea que hacían docenas de las tradicionales.

El movimiento de trenes que circulaban en ambas direcciones por vía única dependía de este aparato. Sólo podía darse señal de paso al maquinista tras la entrega de un control metálico codificado para el viaje.

Este aparato enviaba información al instrumento de tres posiciones de la sala de agujas anterior. También señalaba el estado de la línea.

Atención a las señales

Un listón rojo indica «alto»

LOS MAQUINISTAS SE ENFRENTAN con una sucesión de señales. Sin éstas, correrían el riesgo de chocar con otros trenes. Los primeros maquinistas atendían a las indicaciones de los policías ferroviarios. Luego las señales mecánicas imitaron a las manuales. Cuando aumentó la velocidad y mejoraron los frenos, fue preciso un equipo más complejo. A partir de 1920 comenzaron a emplearse, de día y de noche, señales eléctricas coloreadas. Esas luces son más potentes y visibles que las antiguas lámparas de petróleo, sobre todo de noche. Todas las grandes líneas están ahora equipadas con señales luminosas coloreadas que mantienen al maquinista informado del estado de la línea por delante. Señales y agujas se hallan indicadas automáticamente en la sala correspondiente.

En las estaciones rurales, como ésta de Australia, el tren sólo se detenía cuando se le indicaba. Los viajeros tenían que agitar un disco de latón.

Emblema de guardagujas

La mayoría de los empleados de ferrocarriles han llevado siempre emblemas en el uniforme para indicar lo que son.

Este semáforo mecánico tiene dos brazos. El superior indica si el tren debe detenerse. El inferior sirve como prevención a distancia. Avisa al maquinista para que se prepare a parar en la próxima señal. Aquí las dos ordenan «alto».

Antiguamente, el guardagujas hacía señales al maquinista con una bandera de día y una lámpara de petróleo por la noche. Podía girar el cristal para mostrar una señal verde (paso), roja (alto) o blanca (uso general).

Farol de triple indicación

Los policías ferroviarios de 1841 hacían de guardagujas. Empleaban banderas de colores para ordenar a un tren que se detuviera, siguiese con precaución o para indicar que la línea estaba despejada. Lucían también brazaletes para identificarse y abigarradas porras al cinto por si era preciso imponer orden.

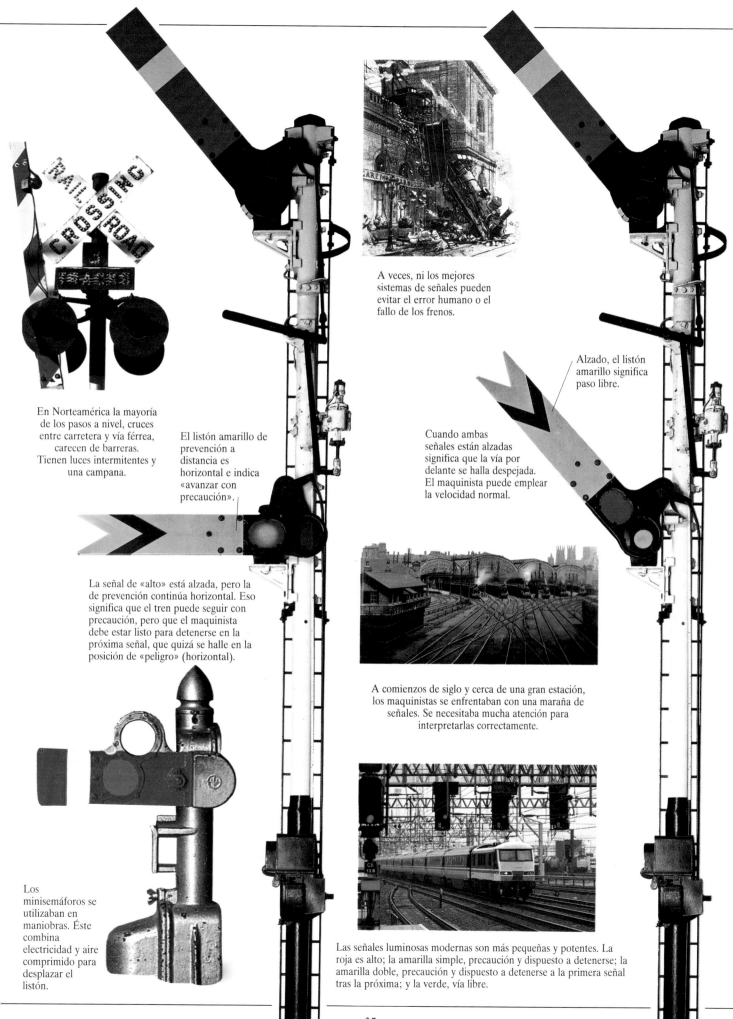

En Norteamérica la mayoría de los pasos a nivel, cruces entre carretera y vía férrea, carecen de barreras. Tienen luces intermitentes y una campana.

El listón amarillo de prevención a distancia es horizontal e indica «avanzar con precaución».

A veces, ni los mejores sistemas de señales pueden evitar el error humano o el fallo de los frenos.

Alzado, el listón amarillo significa paso libre.

Cuando ambas señales están alzadas significa que la vía por delante se halla despejada. El maquinista puede emplear la velocidad normal.

La señal de «alto» está alzada, pero la de prevención continúa horizontal. Eso significa que el tren puede seguir con precaución, pero que el maquinista debe estar listo para detenerse en la próxima señal, que quizá se halle en la posición de «peligro» (horizontal).

A comienzos de siglo y cerca de una gran estación, los maquinistas se enfrentaban con una maraña de señales. Se necesitaba mucha atención para interpretarlas correctamente.

Los minisemáforos se utilizaban en maniobras. Éste combina electricidad y aire comprimido para desplazar el listón.

Las señales luminosas modernas son más pequeñas y potentes. La roja es alto; la amarilla simple, precaución y dispuesto a detenerse; la amarilla doble, precaución y dispuesto a detenerse a la primera señal tras la próxima; y la verde, vía libre.

Servicio postal

Esta imagen de un paquete de cigarrillos muestra una saca en el momento de ser recogida en marcha por un coche correo.

Eᴸ ᴄᴏᴄʜᴇ ᴄᴏʀʀᴇᴏ ꜰᴜᴇ ᴄʀᴇᴀᴅᴏ para ejecutar todas las tareas que se realizan en una oficina postal corriente. Sin detenerse, podía recoger automáticamente la correspondencia de aparatos instalados junto a la línea. Las cartas eran luego seleccionadas y distribuidas en sacas para los diferentes destinos de la ruta del tren. También de modo automático, las sacas eran captadas por redes de la línea. El equipo de recogida y lanzamiento del correo se hallaba localizado en un extremo del vagón; el resto estaba ocupado por mesas de selección, casilleros y sacas de correspondencia.

Esta clásica locomotora norteamericana de 1870 arrastra un tren postal. Lanza las sacas a su destino mientras cuelga de un poste otra para ser recogida.

Buzón para la correspondencia de última hora. Las cartas echadas aquí abonaban un suplemento.

Correo que ha de ser recogido por el tren

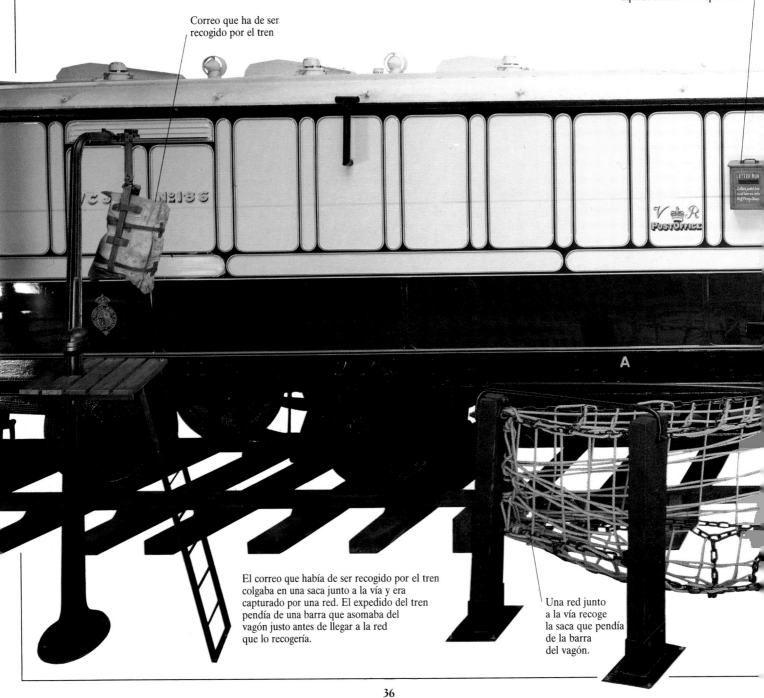

El correo que había de ser recogido por el tren colgaba en una saca junto a la vía y era capturado por una red. El expedido del tren pendía de una barra que asomaba del vagón justo antes de llegar a la red que lo recogería.

Una red junto a la vía recoge la saca que pendía de la barra del vagón.

El correo era seleccionado en la mesa y distribuido en los casilleros. Cuando había cartas suficientes para un destino, se introducían en una saca (*a la derecha*), lanzada en ruta o entregada al final del viaje.

El correo por tren exige cooperación entre los ferrocarriles y los servicios postales locales. Aquí una furgoneta entrega sacas en una estación. El tren local las transporta a una línea principal para su transbordo a un tren de viajeros de largo recorrido o a un convoy postal.

El «Irish Mail», entre Londres y Holyhead, fue el primer tren en recibir un nombre. Funcionó desde 1848 hasta 1985, con correo de Londres hacia Dublín. También llevaba viajeros y coches camas.

Casilleros para las cartas seleccionadas

La red recoge la saca próxima a la vía

El aparato para el intercambio de sacas con un tren en marcha dejó de ser empleado en 1971.

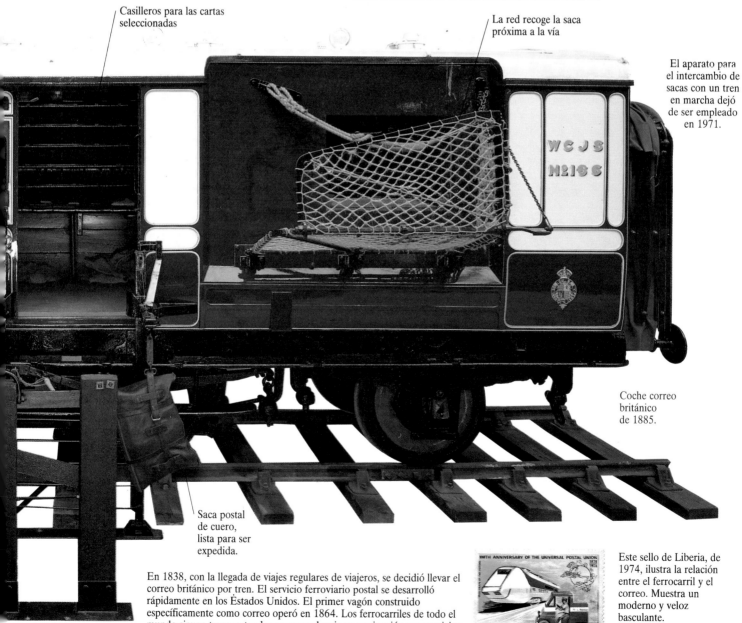

WCJS M2186

Coche correo británico de 1885.

Saca postal de cuero, lista para ser expedida.

En 1838, con la llegada de viajes regulares de viajeros, se decidió llevar el correo británico por tren. El servicio ferroviario postal se desarrolló rápidamente en los Estados Unidos. El primer vagón construido específicamente como correo operó en 1864. Los ferrocarriles de todo el mundo siguen transportando correspondencia en conjunción con servicios aéreos y por carretera.

Este sello de Liberia, de 1974, ilustra la relación entre el ferrocarril y el correo. Muestra un moderno y veloz basculante.

100TH ANNIVERSARY OF THE UNIVERSAL POSTAL UNION

LIBERIA 20c

Trenes eléctricos

En los primeros días del vapor se advertía el potencial de la energía eléctrica pero aún no se disponía del medio para emplearla en el ferrocarril. Los ingenieros construyeron los primeros trenes eléctricos hacia fines del siglo XIX y experimentaron diversos voltajes. Unas locomotoras recibían la energía de cables aéreos y otras de un tercer carril «cargado». Las máquinas eléctricas aventajan a las de vapor y las diesel. Son más rápidas, silenciosas y fáciles de manejar. Aunque la construcción de un ferrocarril eléctrico o la electrificación de uno convencional es cara, estas líneas son económicas y eficientes; los costes suplementarios están justificados en redes de gran tráfico como el Metro, los sistemas rápidos y los de cercanías.

La primera locomotora eléctrica de los Estados Unidos fue empleada por el Baltimore and Ohio Railroad en 1895. Se introdujo en un tramo de 6 km con muchos túneles que las máquinas de vapor llenaban de humo.

Son numerosos los trenes y locomotoras eléctricos rematados por el pantógrafo. Recoge de los cables la energía eléctrica con que impulsar los motores.

El primer ferrocarril eléctrico práctico fue concebido en 1879 por el ingeniero alemán Werner von Siemens para una exhibición en Berlín. Su locomotora podía trasladar a 30 viajeros a 6,5 km por hora.

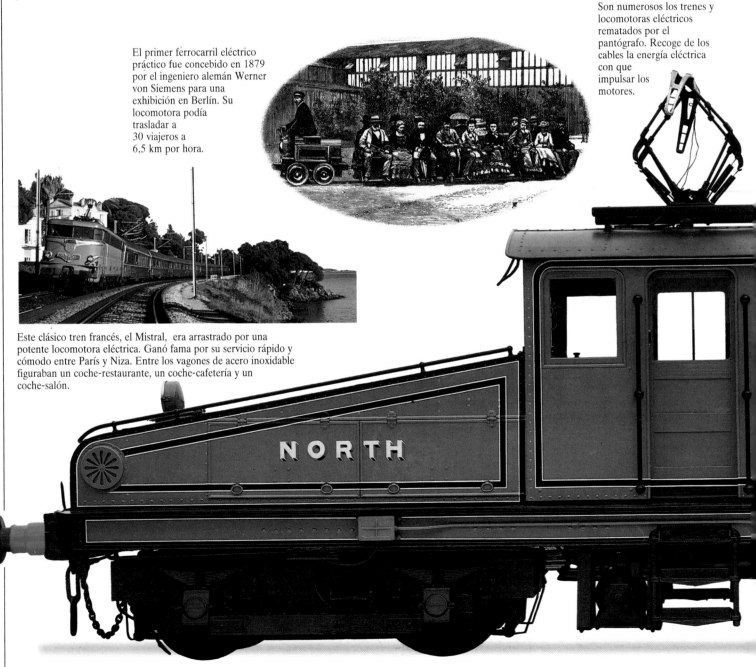

Este clásico tren francés, el Mistral, era arrastrado por una potente locomotora eléctrica. Ganó fama por su servicio rápido y cómodo entre París y Niza. Entre los vagones de acero inoxidable figuraban un coche-restaurante, un coche-cafetería y un coche-salón.

NORTH

Los ferrocarriles franceses utilizaban
a principios del siglo XIX carteles muy
llamativos para promocionar los nuevos trenes
eléctricos. Este cartel, de estilo modernista,
elogiaba la rapidez y la limpieza del tren
que hacía el servicio París-Versalles.

El tren de viajeros más rápido es el TGV (*Train à Grande Vitesse*), un eléctrico francés (págs.
46-47). Se desplaza sobre un tendido especial por donde no circulan otros convoyes. Un TGV se
compone de ocho vagones con una locomotora eléctrica en cada extremo. Su moderno diseño y sus
potentes motores permiten una gran velocidad incluso en cuestas pronunciadas. Así fue posible
reducir los costes de construcción y mantenimiento sin horadar el terreno.

Los trenes eléctricos más
recientes siempre tienen el
riesgo de quedar anticuados
al aparecer diseños más avanzados. Esta locomotora de
1991 opera entre Londres y Edimburgo. Pero los vagones
se hallan concebidos pensando en la evolución futura. Sus
costados son en declive para que no requieran
modificaciones si se introducen trenes basculantes
(págs. 62-63) que exijan más espacio entre dos trenes.

Esta locomotora eléctrica fue
construida en 1904 para el
North Eastern Railway de
Inglaterra.

Esta locomotora
eléctrica fue construida
para reemplazar a máquinas
de vapor en una línea de mercancías con
un túnel de mala ventilación que las
máquinas de vapor llenaban de humo.
Podía recoger electricidad de un
pantógrafo o de un tercer carril
«cargado».

Máquinas diesel

LA INVENCIÓN DE LA locomotora diesel, junto con la creación de la eléctrica, marcó el próximo fin de la era del vapor. El primer motor diesel fue presentado en 1893 por el ingeniero alemán Dr. Rudolph Diesel, que construyó un modelo eficaz de este tipo en 1897. En la mayoría de las máquinas diesel, el motor impulsa un generador que produce corriente eléctrica. Ésta alimenta a motores eléctricos que mueven las ruedas. Los trenes diesel son empleados en todo el mundo, sobre todo en líneas de escaso tráfico en que no es rentable la electrificación.

Rudolph Diesel

El ventilador refresca el generador.

A diferencia de la máquina de vapor, un motor diesel no suele impulsar directamente las ruedas de la locomotora. Genera electricidad para moverlas. El combustible pesado diesel es inyectado en un cilindro de aire comprimido y caliente. Entra en ignición y la energía liberada empuja un pistón que mueve el generador. Éste produce la electricidad para el motor que mueve las ruedas.

El generador produce una corriente eléctrica, empleada para mover las ruedas.

El motor diesel impulsa el generador

Prototipo de locomotora diesel-eléctrica «Deltic» de los ferrocarriles británicos, 1956.

Los maquinistas han llevado siempre algo que comer y bebidas calientes para el viaje. La tartera y el recipiente que emplean son semejantes a los utilizados en la época del vapor.

Recipiente para bebidas calientes

Las grandes ciudades europeas quedaron unidas por un servicio internacional rápido y de lujo, el TEE (*Trans-Europ-Express*), especialmente útil para hombres de negocios que deseaban un medio rápido, seguro y cómodo de comunicación entre urbes. Estos trenes integrados diesel-eléctricos sólo llevaban primera clase.

Revestimiento de plástico contra la grasa y el polvo.

Uno de los primeros trenes rápidos diesel fue el «Zephyr» de la línea de Burlington en Estados Unidos. Mediados los años treinta, inició el trayecto de 1.609 km entre Chicago y Denver. En 1936 logró un promedio de 134 km por hora que todavía es récord mundial en un trayecto tan largo.

Aunque las cabinas de las diesel son mucho más limpias que las de las máquinas de vapor, todavía usan los maquinistas la misma gorra.

Los veloces trenes diesel-eléctricos, como este británico, están concebidos para ahorrar tiempo y esfuerzos. En vez de la serie tradicional de vagones tirados por una locomotora, las unidades se desplazan entre dos coches con motor diesel-eléctrico. Al final del viaje no es necesario reemplazar la locomotora.

Sello de Alemania Oriental ilustrado por una diesel para maniobras y servicios locales de mercancías.

Cuando esta «Deltic» diesel-eléctrica fue construida en 1956 era la más potente de su clase. En 1961 las «Deltic» reemplazaron ventajosamente a las estilizadas máquinas de vapor del tipo «Mallard» (págs. 46-47) en la línea principal por la costa oriental, entre Londres y Edimburgo. Durante los veinte años que operaron en este trayecto recorrieron más de cuatro millones y medio de kilómetros. Las diesel-eléctricas han demostrado ser mucho más potentes que las precedentes de vapor.

Largos recorridos

CON LA LLEGADA DE TRENES DE LARGO RECORRIDO quedaron abiertos continentes enteros. Al principio los viajes en esas líneas eran a menudo lentos e incómodos. Pero significaban algo mejor que lo existente, si es que había algo. Poco a poco mejoró la comodidad, sobre todo en los Estados Unidos, en forma de calefacción, vagones especiales para dormir y, con el tiempo, coches-restaurante. Hoy la mayoría de los ejecutivos utilizan el avión para ahorrar horas; pero los trenes de largo recorrido siguen siendo muy populares entre los turistas. Para quienes no tienen prisa, el viaje en tren es un excelente medio de ver mucho de un país.

Los primeros coches-cama tenían cortinas que proporcionaban un completo aislamiento.

El Transiberiano, tren diario de pasajeros entre Moscú y Vladivostok, «Rusia», hace el viaje regular más largo del mundo, 9.297 km, en el que invierte ocho días.

En 1970 se inauguró el primer servicio entre Sydney, en la costa oriental de Australia, y Perth, en la occidental. El tren de lujo «Indian Pacific» cubre en tres días 3.968 km, en donde existe el tramo recto más largo del mundo: 478 km.

Desde 1903 un tren de lujo hace el servicio en Suráfrica, entre Ciudad del Cabo y Pretoria. En 1939 se introdujo en ese trayecto de 1.540 km el «Tren Azul», hoy considerado como el más lujoso del mundo.

Recipientes para té y café

Cafetera

Recipiente

Hornillo de petróleo

Cuando los trenes ganaron en velocidad, se acortaron o se suprimieron del todo las paradas en las estaciones para tomar algo. Los viajeros tenían que llevar sus propios alimentos en cestas como la de este equipo para preparar té o café. El sistema se prolongó incluso tras la introducción de los coches-restaurante en 1879.

Una correa impedía caer al viajero de la litera superior en caso de inteso traqueteo.

Rejilla para el equipaje y la ropa de cama cuando ésta se hallaba plegada.

Armario con una botella de agua potable y un vaso.

Cubierto, el lavabo puede servir de mesita.

Los coches-cama fueron dotados de aseos y lavabos.

Wagons-Lits fue fundada en 1876 y explotó por toda Europa coches-cama y coches-restaurante, incluyendo el «Orient Express».

El *ferry* Dover-Dunkerque, entre Inglaterra y Francia, entró en servicio en 1936. Llevaba los vagones del tren de Londres a París o Bruselas.

Hubo coches-cama en los Estados Unidos a partir de 1860 y en Europa diez años después. Este departamento de dos literas es de un coche de Wagons-Lits del servicio nocturno entre Londres y París o Bruselas. Cuando no se empleaban las literas, se utilizaba como asiento la inferior. Los trenes de esta ruta cruzaban el canal de la Mancha a bordo de un *ferry*.

Escala para la litera superior

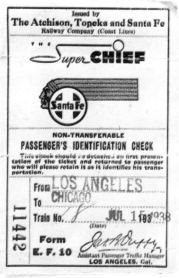

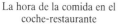

La hora de la comida en el coche-restaurante

Billete del «Super-Chief» de 1938

El «Super-Chief» funcionaba entre Chicago y Los Ángeles. Con una gran cocina y la clientela de Hollywood cobró fama de ser el mejor tren de largo recorrido en los Estados Unidos.

Escudo real en el «Gladstone».

Trenes reales

ALGUNOS DE LOS MÁS ESPLÉNDIDOS vagones fueron los construidos para la real familia británica. Desde 1839, la realeza empleó el tren en Gran Bretaña, tanto en los viajes oficiales como en los privados. Los ferrocarriles brindaban más comodidad, espacio y aislamiento que el transporte por carretera. En su época, los vagones reales representaban el último grito en diseño, mobiliario y tecnología. Todavía se utilizan estos trenes reales.

Los faroles de petróleo en las locomotoras de los trenes reales, como el «Gladstone», solían lucir estos emblemas.

Las locomotoras del «Gladstone» (*arriba y abajo*) eran especialmente ornamentadas y limpiadas. Solían lucir el escudo real y banderas. ¡Se dice incluso que en el siglo XIX pintaban de blanco el carbón!

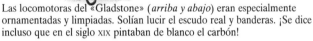

De día, la reina viajaba en el departamento del cupé, dotado de ventanillas posteriores

Departamento del séquito

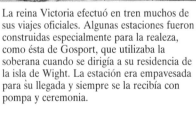

La reina Victoria efectuó en tren muchos de sus viajes oficiales. Algunas estaciones fueron construidas especialmente para la realeza, como ésta de Gosport, que utilizaba la soberana cuando se dirigía a su residencia de la isla de Wight. La estación era empavesada para su llegada y siempre se la recibía con pompa y ceremonia.

El primer coche salón real fue construido para la reina viuda Adelaida en 1842. Su diseño se basó en tres compartimentos de diligencia y constituyó una innovación en su tiempo. El interior estaba espléndidamente amueblado y tapizado. Se dice que la reina viajaba de día en el último departamento (o cupé) mientras que su séquito más próximo iba en el departamento central.

N° 2

Se prestó gran atención a la menor de las estancias. Este lavabo de la reina Victoria estaba bellamente revestido de arce y seda.

No se escatimaban gastos en los vagones reales. La decoración del salón diurno (*arriba*), fue elegida por la reina Victoria cuando se construyó en 1869. La madera es de arce, el tapizado de seda azul y el techo está acolchado con seda blanca. En un principio estaba iluminado por lámparas de petróleo, pero en 1895 se instalaron luces y timbres eléctricos para llamar a la servidumbre. Se dice que la reina prefería las lámparas de petróleo y que ordenó que se conservasen.

El rey Eduardo VII gustaba descansar en este departamento salón-fumador revestido de madera en 1902. Contenía los más modernos ventiladores, estufas e incluso encendedores eléctricos.

Departamento dormitorio

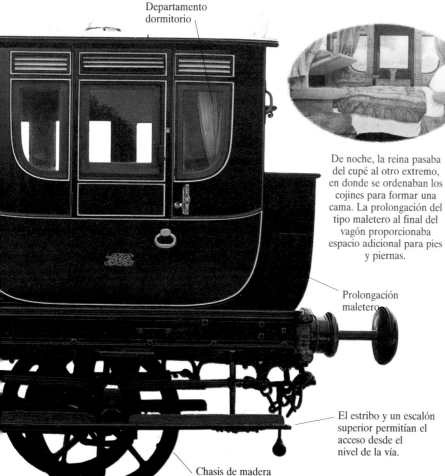

De noche, la reina pasaba del cupé al otro extremo, en donde se ordenaban los cojines para formar una cama. La prolongación del tipo maletero al final del vagón proporcionaba espacio adicional para pies y piernas.

Prolongación maletero

En la pared y sobre la cama del dormitorio de la reina Alexandra había diversos timbres para llamar durante la noche a cualquier miembro de su servidumbre.

El estribo y un escalón superior permitían el acceso desde el nivel de la vía.

Chasis de madera con cuatro ruedas

El departamento diurno era uno de los varios del salón de la reina Mary. Disponía también de tocador, cuarto de baño y dormitorio.

Marcas batidas

Los FERROCARRILES HAN COMPETIDO siempre por las marcas de comodidad, buen servicio y velocidad. Para Gran Bretaña y Estados Unidos una meta era franquear la barrera de las cien millas por hora. Este objetivo se proclamó logrado en 1893 cuando de una locomotora norteamericana se dijo que había alcanzado 181 km por hora y en 1904, cuando se afirmó de una británica que había conseguido 164 km. Pero ambas reivindicaciones suscitaron serias dudas. Desde los primeros tiempos del vapor se batieron y se batirán marcas de velocidad en los países que compiten por lograr un récord absoluto con un tren convencional.

Las primeras máquinas de vapor concebidas para alcanzar 161 km por hora (las cien millas) fueron las del servicio «Hiawatha», de 1935, que cubrían los 663 km entre Chicago y Minneápolis/St. Paul. El servicio conserva la marca mundial de recorrido regular más rápido con máquinas de vapor entre dos estaciones: un promedio de 130 km por hora en un tramo de 127.

Tren a vapor del servicio «Hiawatha»

La leyenda dice: «El 3 de julio de 1938 esta locomotora batió la marca mundial de velocidad en tracción de vapor con 126 millas a la hora.

La «Mallard» era una estilizada locomotora del tipo Pacific, construida en Doncaster en 1938 para el London North Eastern Railway.

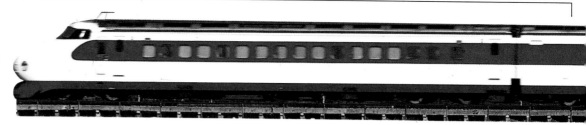

Inaugurado en 1964, el Shinkansen o «nuevo ferrocarril de alta velocidad» entre Tokio y Osaka, fue el primero de una serie reservada al servicio de viajeros entre urbes.

En 1965 el Shinkansen lograba un promedio de velocidad de 163 km por hora con un máximo de 210 km.

Este tren eléctrico alemán de alta velocidad fue introducido durante 1991 en trazados ya existentes y mejorados, aunque también se emplean vías especiales de alta velocidad. En pruebas logró 404 km por hora, que fue marca mundial durante breve tiempo.

En 1893 el New York Central Railroad afirmó que su máquina de vapor número 999 había sido la primera en superar las 100 millas por hora, logrando los 161 km con el «Empire State Express» cerca de Batavia, Nueva York. Pero ya no se reconoce internacionalmente esta marca.

El TGV (*Train à Grande Vitesse*), un tren francés eléctrico, fue introducido en 1985 en el trayecto París-Lyon. En gran parte de la ruta corre por vías nuevas y especiales a un promedio de 212 km por hora. Durante las pruebas anteriores a la apertura de una segunda línea en 1990, un TGV ligeramente modificado consiguió la marca mundial de 515,5 km por hora.

La estilizada locomotra «Mallard» fue diseñada por el ingeniero británico sir Nigel Gresley. El 3 de julio de 1938, la «Mallard» batió la marca mundial de velocidad para máquina de vapor con 203 km por hora. Fue con un tren especial en una cuesta abajo de la línea principal Londres-Edimburgo. La marca no ha sido superada.

La estación

LAS PRIMERAS ESTACIONES eran poco más que un cobertizo de madera junto a las vías. Allí los viajeros adquirían los billetes, aguardaban y subían y bajaban del tren. Algunas pequeñas estaciones siguen siendo edificaciones muy simples. Pero en las grandes localidades brindan distintos servicios desde maleteros, cafeterías y aparcamientos a intercambiadores con el transporte por carretera y otras líneas férreas. A menudo la estación es el edificio más importante de una población, con una arquitectura imponente de los más diversos estilos, desde el clásico al ultramoderno.

Un gran reloj es con frecuencia el punto focal de una estación.

Para que un servicio de ferrocarril funcione bien, los trenes han de ser puntuales. Al principio y en países muy extensos de este a oeste, como los Estados Unidos, se plantearon problemas horarios. Luego se crearon zonas de hora diferente.

En pequeñas estaciones rurales, el andén es a menudo muy bajo o falta. Los viajeros descienden y suben del tren por los escalones de los vagones. Los vehículos de carretera se acercan en marcha atrás hasta los vagones de mercancías o usan el andén bajo para carga y descarga.

Antes del desarrollo del transporte aéreo y por carretera, los trenes llevaban prácticamente todo. Esta carretilla cerrada era empleada para los ataúdes.

Paneles informativos indican la salida y la llegada de trenes en la estación del Gran Central de Nueva York, la mayor del mundo.

Reloj de bolsillo de finales del siglo XIX.

El estricto horario de los trenes exige que los responsables y las estaciones dispongan de relojes precisos. Las estaciones tenían grandes relojes y los ferroviarios recibían relojes de bolsillo.

Las grandes estaciones, como la de Waterloo en Londres, se hallan concebidas para que centenares —o incluso miles— de viajeros puedan abordar o abandonar simultánea y velozmente los trenes en las horas punta.

Silbato sencillo de metal

Los silbatos de madera o metal solían ser utilizados por el personal de andén para dar la salida al maquinista.

En este silbato figura el dibujo de un botón ferroviario.

SOUTHERN RAILWAY
PARCEL DELIVERY
SERVICE FROM
HORSTED KEYNES
STATION

En los años veinte y treinta los ferrocarriles contaban con un completo servicio de transporte. Se empleaban bicicletas para el reparto local de paquetes pequeños.

Billetes de ferrocarril nipones.

Las grandes estaciones, como la Gare de Lyon en París, fueron concebidas para proporcionar acceso fácil al tráfico rodado con mercancías y viajeros. Su arquitectura impresionante hace de tales estaciones puntos de referencia familiares.

Antes de la electricidad se empleaban campanas de mano para anunciar la llegada de un tren.

Billete del «Orient Express»

Logotipo del London Chatham and Dover Railway.

La época de los trenes de vapor tiene ahora un aura romántica. El filme *Breve encuentro* está basado en una relación fortuita en una estación ferroviaria poco después de la Segunda Guerra Mundial.

En todo el mundo cada viajero ha de adquirir un billete. Constituye la prueba del pago. El revisor, «¡Billetes, por favor!», los perfora con el taladrador para que no puedan volver a ser utilizados.

Los ferroviarios

ADEMÁS DE LOS QUE TRABAJAN EN LA ESTACIÓN y en el tren, son muchas las personas necesarias en un ferrocarril. En el centro de la actividad figuran los departamentos comerciales. De acuerdo con la dirección, especifican el tipo, frecuencia y velocidad de los trenes precisos de viajeros y mercancías. Tarea del departamento de operaciones es atender estas demandas. El de ingeniería técnica ha de proporcionar el equipo requerido mientras que el de ingenieros de obra civil se asegura del buen estado de vías y estructuras fijas. Toda esta tarea es respaldada por muchos departamentos especializados, desde los de horarios y contabilidad a los de mercadeo y publicidad.

Emblema de mozo de estación en Gran Bretaña.

Distintivo de un ferroviario ruso

Distintivo de un ferroviario chino

Los maquinistas de las locomotoras de vapor tenían que cerciorarse de su buen funcionamiento.

El tren precisa de muy diversos profesionales para funcionar bien. Por esta razón el ferrocarril ha sido tradicionalmente en muchos países una de las empresas con más personal.

Al jefe de estación se le considera ahora en Gran Bretaña como responsable de un área que comprende varias estaciones.

Casco de bombero del Great Western Railway.

Ciertos ferrocarriles disponían de servicio de bomberos, adiestrados para enfrentarse con diversos siniestros y dotados de equipo y uniforme propios.

Las compañías ferroviarias poseían hoteles en las grandes ciudades o en los empalmes. El mozo prestaba sus servicios a los viajeros que llegaran o partieran del hotel.

El jefe de estación tenía una importante función. Se hallaba al frente de ésta y había de garantizar que todos los trenes llegasen y partiesen a su hora.

Cuando oían la corneta, los hombres abandonaban la vía y aguardaban a que pasara el tren.

El sonido de esta corneta era característico y no podía confundirse con el del silbato del factor.

La corneta del vigilante

En algunos lugares se conocía a la vía como «el camino permanente».

La manguera era conectada al depósito de agua del coche-restaurante.

El mantenimiento de las vías para el paso fluido y seguro de los trenes exigía —y exige— organización y esfuerzos considerables. El vigilante tocaba la corneta para advertir a la cuadrilla que se aproximaba un tren.

Incluso hoy, con el moderno equipo eléctrico, el mecánico de agujas tiene una tarea vital, sobre todo en líneas de mucho tráfico. Pero todo el equipo de señalización está concebido «a prueba de fallos» y aparece una luz roja en cuanto algo deja de funcionar bien.

En la breve parada del expreso había que reabastecerlo con agua y víveres suficientes hasta la estación siguiente. Se empleaba este tanque de agua potable para llenar los depósitos de los coches-restaurante. Los de los lavabos se colmaban con mangueras conectadas a tanques locales.

Cuando la ruega gira, bombea agua por la manguera.

Esta aceitera servía para aprovisionar las lámparas de petróleo. Con su amplia base era difícil que volcase.

Aceitera de hacia 1890

Mecha gruesa y deshilachada.

Potentes mecheros de petróleo daban luz hasta la llegada de las pilas eléctricas. El petróleo se conservaba dentro de la lámpara y ardía en el extremo de la mecha. Los mecheros servían para advertir de un peligro, así como en la inspección de las máquinas de vapor.

Potente mechero de petróleo de hacia 1900.

El tanque de agua era empujado sobre ruedas a lo largo del andén.

A vapor, todavía

Corren aún locomotoras de vapor en servicios regulares de viajeros y mercancías, sobre todo en Asia; pero en la mayor parte del mundo los días del vapor han terminado. El futuro es de las energías diesel y eléctrica, más limpias y eficaces. Pero el entusiasmo por las máquinas de vapor las mantiene con vida. Son centenares en todo el mundo las viejas locomotoras de vapor propiedad de fundaciones de empresas ferroviarias y de museos del transporte y muchas han sido cuidadosamente restauradas para asegurar su perfecto funcionamiento. Se emplean para arrastrar trenes en tramos conservados o en trayectos turísticos de las redes nacionales.

Ocasionalmente también operan en estas líneas algunas locomotoras de museos.

En las grandes líneas de la India operan trenes de vapor de cuatro anchos de vía. La mayoría de las máquinas de vía estrecha, como ésta del South Eastern Railway, fueron importadas de Francia, Alemania y Japón.

«Evening Star», la «Estrella vespertina» (*abajo*) fue la última máquina de vapor construida para los ferrocarriles británicos en 1960. Concebida para trenes de mercancías, también arrastró expresos. Fue retirada del servicio en 1966. Se exhibe en el National Railway Museum de York y aún se emplea en ocasiones especiales.

Muchos trenes de vapor son ahora atracciones turísticas. Tal es el caso del de vía estrecha del lago Llanberis en Gales (*arriba*). Otros trenes emplean las rutas originarias de antiguos ferrocarriles.

En Norteamérica fue rápido el paso del vapor al motor eléctrico y diesel. Pero son cada vez más las locomotoras de vapor conservadas en estado de funcionamiento. Los entusiastas del ferrocarril pueden disfrutar de algunas de las rutas clásicas de las líneas principales o locales. Hay también máquinas de vapor en museos públicos y privados.

Máquina conservada del Fort Worth & Western Railroad.

Sólo a finales de los ochenta dejó China de construir locomotoras de vapor.

Los trenes constituyen el eje de los transportes chinos, en donde aún funcionan muchas máquinas de vapor. Hacia 1990 eran unas 7.000, mientras que las diesel sumaban 4.700 y las eléctricas 1.200.

A fines de los setenta se reacondicionaron en Zimbabwe algunas locomotoras de vapor Beyer-Garratt de fabricación británica. Esto se debió a la abundancia de carbón en el país y al deseo de prescindir del coste del combustible para las máquinas diesel. Zimbabwe ha atraído así a entusiastas dispuestos a ver y fotografiar una de las máquinas de vapor más potentes que todavía existen

Son pocas relativamente las líneas turísticas de India y Pakistán. Pero la amplia gama de trenes que funcionan con vapor, como esta locomotora integrada y construida en Gran Bretaña hace setenta años, atrae a muchos aficionados.

92220

BRITISH RAILWAYS

Emblemas e insignias

LOS FERROCARRILES NACIERON en el siglo XIX, época con gran afición a la ornamentación abigarrada. No es extraño por eso que alcanzase también a los trenes. Adornos imaginativos contribuyeron a promover los servicios del ferrocarril. Los signos de colores en las entradas de los túneles y los adornos en las estaciones tranquilizaban además a un público no familiarizado con el tren. Cuando aumentó la competencia entre las empresas, los emblemas con sus nombres fueron aplicados a todos los objetos grandes y pequeños de un ferrocarril. Estas decoraciones revestían a menudo la forma de un escudo de armas o de un logotipo. De los puentes ferroviarios colgaban grandes placas de hierro fundido y las iniciales de la compañía figuraban incluso en las cabezas de los clavos de cobre para las tejas de pizarra.

Emblema del Midland Railway: un monstruo alado y los escudos de las diez ciudades principales unidas por la empresa ferroviaria.

Ante la chimenea de la locomotora de vapor figuraba el nombre del tren del que formaba parte.

Muchas de las unidades motrices de los TGV franceses llevan nombres de ciudades a las que comunican.

Las locomotoras de trenes especiales lucían a menudo emblemas o placas creados para la ocasión.

Esta cimera aparecía en locomotoras y vagones de los ferrocarriles británicos de los años cincuenta.

Placa norteamericana de la fábrica de origen.

Plancha del Southern Railway.

La mayoría de las locomotoras llevan una placa en la que figura su número y fecha de construcción, así como el nombre y con frecuencia la sede del fabricante. Esta placa muestra también el nombre del presidente de la compañía.

Muchas máquinas han llevado nombres muy diversos, desde personajes clásicos, figuras famosas de todo tipo a directores del ferrocarril y ciudades comunicadas por éste.

Esta placa fue una de las varias que sirvieron para conmemorar los vínculos de la Commonwealth.

DOMINION OF NEW ZEALAND

Placa del London and North Eastern Railway

Este nombre clásico, «El vellocino de oro», fue el de la locomotora de un expreso del Great Western Railway.

KNIGHT OF·THE GOLDEN FLEECE

La corona indica que el ferrocarril era el único de Canadá con real privilegio.

La placa lleva el nombre del servicio.

DOMINION ATLANTIC **39** RAILWAY.

El emblema del ferrocarril de Costa de Oro lucía un elefante, imagen familiar en este país de África Occidental ahora llamado Ghana.

Esta placa indica el número de una locomotora de 1902 perteneciente al Atlantic Railway de Canadá.

El destino y el nombre figuraban en la locomotora. El emblema de la empresa, en la máquina y en los vagones

CITY OF MANCHESTER

Las locomotoras recibieron y reciben nombres de ciudades por las que pasa el ferrocarril, como muestra esta placa de una máquina del London Midland and Scottish Railway.

Bandera escocesa

Bandera inglesa

El emblema del «Caledonian» porta motivos de las banderas inglesa y escocesa.

THE CALEDONIAN

En los emblemas ferroviarios figuran con frecuencia imágenes de interés local. Un cisne negro es el símbolo de los ferrocarriles públicos de Australia Occidental.

Trenes subterráneos

EL ÉXITO DEL TREN AL TRASLADAR viajeros a las urbes condujo también a la congestión de las calles. En Londres determinó la construcción en 1863 del primer ferrocarril subterráneo, que unía la estación de Paddington con Farringdon Street en el centro de la ciudad. Este ferrocarril de vapor, justo bajo las calles, fue tendido mediante excavación de una trinchera, cubierta después para formar un túnel. Pese a la contaminación, era más rápido y cómodo que el desplazamiento de superficie. Ulteriores evoluciones, como un modo de excavar túneles más profundos, locomotoras eléctricas, mejores ascensores y escaleras mecánicas permitieron el tendido de líneas hondas bajo el centro. Las grandes ventajas de los trenes eléctricos subterráneos animaron desde fines del siglo XIX a diversas ciudades a desarrollar sus propias redes.

La mayoría de los sistemas de transporte rápido, como el Metro de Washington, son ideales para la automatización. Y ello por la fluidez de su tráfico y la inexistencia de trenes de mercancías más lentos o de expresos más veloces. Toda la red es controlada por un ordenador y los trenes no precisan de conductores.

Lámparas manuales como ésta fueron empleadas durante muchos años por factores y guardagujas.

Las imágenes de los primitivos trenes subterráneos los muestran en túneles espaciosos hasta los que llegaba una cierta luz natural. En realidad, el humo tornaba sucio y desagradable el viaje.

La primera línea del Metro de Moscú fue inaugurada en 1933. Las colosales estaciones se hicieron famosas por el lujo de su ornamentación.

Depósito de agua

Puesto del maquinista

METROPOLITAN 23 RAILWAY.

Un contracarril despeja pequeños obstáculos de la vía.

Los vagones del Metro tienen puertas correderas automáticas y anchos pasillos con el fin de lograr la mayor capacidad posible.

Unos emblemas llamativos en el uniforme identifican de inmediato al personal del Metro.

Emblema del London Transport con los grifos heráldicos, que data de los primeros años treinta.

El Metro de París fue inaugurado en 1900. Sus estaciones se hallan muy próximas y son fácilmente identificables por sus rótulos. Cualquier lugar de la ciudad se halla a distancia discreta de una estación.

Algunos Metros, como el de París, relacionan las líneas con las calles que hay por encima. Este plano de Londres de 1927 se basa en un mapa de la ciudad. Los planos actuales ya no siguen este sistema ni son a escala.

El Metro de Tokio, inaugurado en 1927, es ahora muy extenso y de mucho tráfico. Este billete muestra por un lado un plano de la ruta.

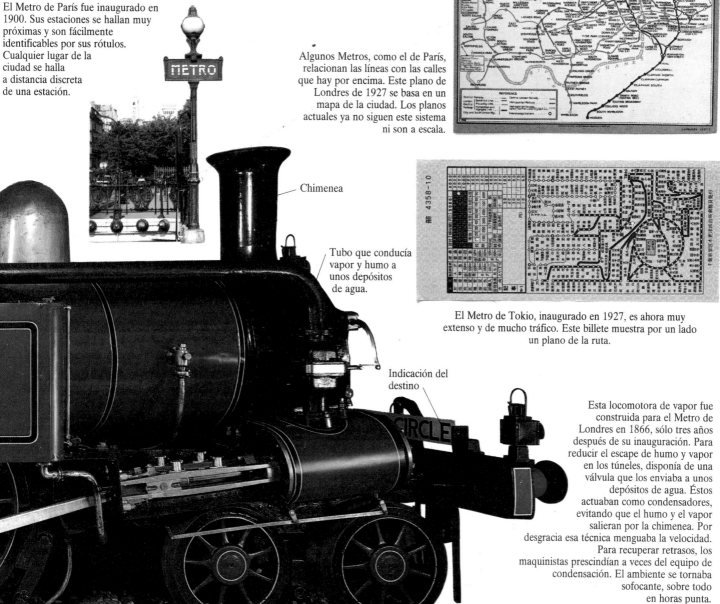

Chimenea

Tubo que conducía vapor y humo a unos depósitos de agua.

Indicación del destino

Esta locomotora de vapor fue construida para el Metro de Londres en 1866, sólo tres años después de su inauguración. Para reducir el escape de humo y vapor en los túneles, disponía de una válvula que los enviaba a unos depósitos de agua. Éstos actuaban como condensadores, evitando que el humo y el vapor salieran por la chimenea. Por desgracia esa técnica menguaba la velocidad. Para recuperar retrasos, los maquinistas prescindían a veces del equipo de condensación. El ambiente se tornaba sofocante, sobre todo en horas punta.

Trenes elevados

Algunos ferrocarriles no corren por el suelo, sino que se desplazan o cuelgan bajo carriles de estructuras aéreas. Son de dos tipos: el suspendido, en el que el tren pende de uno o de dos carriles, y el montado, el que encaja en un solo carril. Los trenes suspendidos disponen de ruedas sujetas a los carriles sin peligro de caer. Los trenes montados sobre un solo carril se hallan equilibrados y guiados por paneles laterales. Los sistemas aéreos de un solo carril reciben el nombre de monovigas. La idea de los ferrocarriles elevados no es nueva. Surgieron a finales del siglo XIX en grandes ciudades de Europa y de los Estados Unidos (trenes convencionales sobre vías aéreas) y en Alemania se empleó un monoviga desde 1901. Los modernos son siempre de construcción más barata que los convencionales.

A diferencia de los ferrocarriles terrestres y del transporte por de la carretera, brindan a los viajeros unas buenas vistas y evitan el tráfico del suelo. Como los trenes eléctricos corrientes, los elevados no contaminan la atmósfera. Muchos los consideran, sin embargo, antiestéticos y más ruidosos que los trenes del nivel de la calle.

A finales del siglo XIX, cuando creció la congestión urbana, se consideró a los ferrocarriles elevados como una alternativa más barata y flexible que los subterráneos. Este ferrocarril urbano fue construido en Nueva York en la década de los ochenta del siglo pasado.

La otra vía es para los vagones que marchan en dirección opuesta.

Los funiculares son un tipo de ferrocarril de cable para subir o bajar pendientes muy acusadas en un trecho relativamente corto. Al principio transportaban mercancías. El sistema de cable estaba equilibrado, de modo que los vagones cargados que descendían por una línea tenían el contrapeso de los vacíos o medio cargados de la adyacente. La mayoría de los funiculares operan ahora con motores eléctricos y sólo llevan viajeros. Los vagones están unidos a un cable común y los trenes ascendente y descendente se ponen en marcha al mismo tiempo. Esta línea parisiense de Montmartre fue construida en 1900 y funciona ahora con nuevos vagones.

La naturaleza compacta y flexible de un sistema de monoviga lo recomienda para muy diversos usos. Algunos, como éste del National Motor Museum de Beaulieu, en Inglaterra, han sido empleados para transportar visitantes en exposiciones y parques. Se desplazan sin obstrucción alguna por encima de un terreno rebosante de peatones.

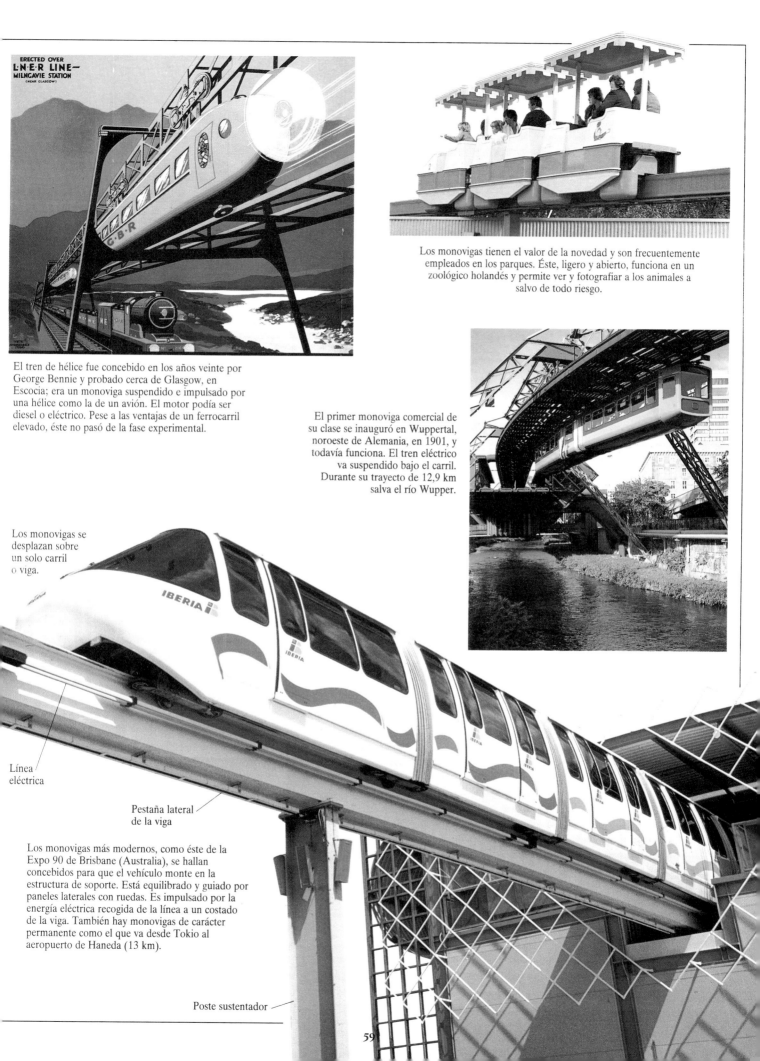

El tren de hélice fue concebido en los años veinte por George Bennie y probado cerca de Glasgow, en Escocia; era un monoviga suspendido e impulsado por una hélice como la de un avión. El motor podía ser diesel o eléctrico. Pese a las ventajas de un ferrocarril elevado, éste no pasó de la fase experimental.

Los monovigas tienen el valor de la novedad y son frecuentemente empleados en los parques. Éste, ligero y abierto, funciona en un zoológico holandés y permite ver y fotografiar a los animales a salvo de todo riesgo.

El primer monoviga comercial de su clase se inauguró en Wuppertal, noroeste de Alemania, en 1901, y todavía funciona. El tren eléctrico va suspendido bajo el carril. Durante su trayecto de 12,9 km salva el río Wupper.

Los monovigas se desplazan sobre un solo carril o viga.

Línea eléctrica

Pestaña lateral de la viga

Los monovigas más modernos, como éste de la Expo 90 de Brisbane (Australia), se hallan concebidos para que el vehículo monte en la estructura de soporte. Está equilibrado y guiado por paneles laterales con ruedas. Es impulsado por la energía eléctrica recogida de la línea a un costado de la viga. También hay monovigas de carácter permanente como el que va desde Tokio al aeropuerto de Haneda (13 km).

Poste sustentador

Trenes de juguete

Apenas creados los ferrocarriles para el transporte, empezaron a surgir otros como distracción. Tales trenes comprendían desde los que los niños empujaban por el suelo a las versiones a pequeña escala de los auténticos. A los primeros trenes de juguete, construidos con piezas aplanadas de plomo, siguieron los de madera con ruedas. En la segunda mitad del siglo XIX aparecieron los trenes de hojalata, al principio de cuerda y luego eléctricos. Cuando mejoraron las técnicas de producción, los modelos cobraron más detalles para satisfacer la demanda de una mayor precisión. El juguete infantil tradicional se convirtió en el complejo modelo a escala del coleccionista. Pero, simples juguetes o modelos a escala, los trenes todavía fascinan tanto a niños como a adultos.

Vagón del freno · Vagón lechero

Imágenes recortables con las que se pueden hacer locomotoras tridimensionales.

Los recortables de cartulina constituyen una alternativa más barata en el coleccionismo de modelos de locomotoras famosas. Este juego fue promovido como un «taller en una caja de cigarros».

Los minitrenes para niños y adultos son construidos como medio de distracción. Fueron muy populares desde el siglo XIX, especialmente todos los impulsados por el vapor.

Este modelo de precisión reproduce una locomotora de mercancías de 1846. Una buena maqueta posee todos los detalles de un tren auténtico como lámparas de petróleo, palancas y silbato.

Los trenes de juguete han sido siempre regalos ideales para chicos de todas las edades. Un juego suele incluir estaciones, puentes, túneles y señales.

Tren de hojalata de los años treinta

Los trenes británicos de hojalata y cuerda estaban bien hechos y eran sólidos. En el juego se incluían vías y a veces accesorios como agujas, estaciones y túneles.

gón de combustible   Vagón de cemento

Los modelos reproducen a menudo locomotoras famosas como ésta, fabricada a principios de los cuarenta para el Union Pacific Railroad. En esta maqueta, de serie más minuciosa, se han empleado sobre todo piezas metálicas, pero se utiliza más a menudo el plástico, económico y de gran precisión en los detalles.

Dibujos y fotografías de trenes han sido muchas veces motivo de rompecabezas. El de éste es la locomotora Thomas, protagonista de una serie de libros para niños escritos por el reverendo Awdry en los años cuarenta.

Los ferrocarriles causaron tal impacto en la sociedad que el tema de los trenes apareció en muchos aspectos de la vida cotidiana, como en este juego de mesa francés de hacia 1870.

La destreza de los aficionados en construir modelos ha producido obras tan notables como esta maqueta que consume carbón y reproduce una locomotora de 1908 del Great Western Railway.

Trenes del futuro

LOS FERROCARRILES HAN DEMOSTRADO su eficacia en tantas áreas que su futuro se halla garantizado. Se desarrollan nuevos tipos de trenes y de vías. Amén de aliviar la congestión y la contaminación de las ciudades, los nuevos ferrocarriles aseguran un desplazamiento cómodo y veloz. En varios países de Europa y Asia se introducen ahora trenes eléctricos más rápidos. Ya circulan basculantes de gran velocidad por líneas tradicionales, lo que evita el coste adicional de la construcción de un nuevo trazado. Los servicios ferroviarios de mercancías han menguado bastante en beneficio del transporte por carretera. Pero las ventajas que ofrecen los trenes respecto del medio ambiente y la congestión de las carreteras, junto con el mejoramiento de sus técnicas, prometen frenar esa tendencia. En las ciudades, la preocupación ambiental ha determinado también la construcción de redes de sistemas rápidos de nuevos trenes eléctricos. Tales evoluciones contribuirán a mejorar los vínculos entre carretera, ferrocarril y transporte aéreo.

El servicio de este tren Maglev fue inaugurado en Birmingham, Inglaterra, a mediados de los ochenta. Recorre 620 m entre el aeropuerto y la estación ferroviaria internacional.

El Maglev funciona por levitación magnética. Este vehículo sin ruedas se eleva unos 2 cm sobre una pista metálica y es impulsado por imanes. Carece de piezas móviles que se desgasten, no requiere mantenimiento y apenas hace ruido. Todavía se experimenta con trenes Maglev para lograr que alcancen velocidades muy altas.

El ferrocarril ligero de Docklands circula sobre el nivel de la calle.

Los sistemas ferroviarios ligeros como el de Docklands en Londres (*a la izquierda*) proporcionan un servicio adecuado y frecuente en las urbes congestionadas. Los trenes son impulsados por electricidad, recogida de un tercer carril cubierto. Sin conductor, son dirigidos automáticamente por un ordenador central.

El desarrollo de un motor de turbina interesó pronto a los ingenieros. La primera locomotora de turbina fue construida para los ferrocarriles suizos en 1941. La imagen muestra un tren del Canadian National Railway impulsado por motor de turbina. Como muchos de su género, se reveló poco eficaz y fue retirado a mediados de los ochenta.

Los ferrocarriles italianos han desarrollado recientemente trenes basculantes concebidos para servicios de alta velocidad en líneas tradicionales reacondicionadas. Cuando los controles detectan una curva, el tren bascula gracias a un mecanismo hidráulico que asegura la comodidad del viajero. Estos trenes eléctricos alcanzan una velócidad máxima de 250 km por hora.

Cuando en 1993 se abra el túnel del canal de la Mancha, los «Supertrenes» eléctricos irán de Londres a París o Bruselas. Por las diferencias de sistemas ferroviarios, las unidades motrices a cada extremo del tren estarán equipadas para funcionar con tres voltajes distintos. Se podrá ir del centro de Londres al de París en unas tres horas.

Prototipo del supertren Intercity

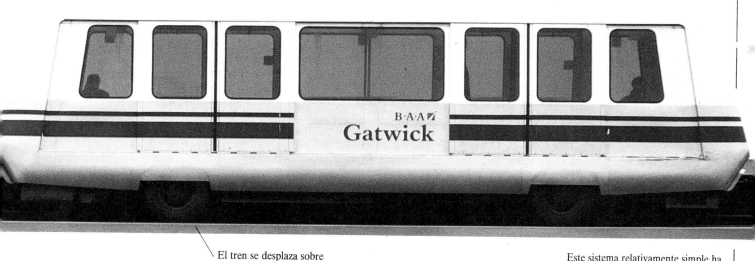

El tren se desplaza sobre ruedas de goma

Un carril de acero guía al tren.

Este sistema relativamente simple ha tenido éxito en Norteamérica e Inglaterra. Los trenes se desplazan sobre ruedas de goma por una pista de hormigón. Son guiados por un carril central de acero que también transmite la energía para los motores eléctricos. Carecen de conductor; un ordenador central controla la marcha, los frenos y la apertura y cierre de puertas. Resultan ideales para viajes cortos de la terminal de un aeropuerto a otra, a velocidades de hasta 41 km por hora.

Las ruedas se desplazan sobre una pista de hormigón.

Índice

Iconografía

s = superior c = centro i = inferior
iz = izquierda d = derecha

Advertising Archives: 26ic, 61siz (detalle), 61sd (detalle); Australian Overseas Information Service, Londres: 42ciz; Barlow Reid: 7cd, 39cd, 41cd; Bettmann Archive Hulton Picture Library: 19s, 20c; Bridgeman Art Library; Science Museum, Londres: 11isc; National Railway Museum, York: 11sd; Colecciones privadas: 13isc; Guildhall Art Gallery, Corporation of London: 45ciz; Guildhall Library, Corporation of London: 56ciz; Britt Allcroft (Thomas Ltd.), 1989: 61ciz;

Channel Tunnel: 63cd; Jean-Loup Charmet: 10icd, 30izz, 44ciz, 56cd; J. A. Coiley: 54cd, 58id; G. Cooke, Rail Safaris: 53ciz; Culver Pictures Inc.: 11isiz, 16isd, 19id, 37siz, 41isd, 47isd; Michael Dent: 23ci, 52c, 55cd: Docklands Light Railway Ltd.; Marysha Alwan: 62i y archivo: 6c, 7ciz, 9siz, 9sc, 9ciz, 12ciz, 16iiz, 20sd (detalle), 28sd, 29cd, 33isc, 36d, 46ciz, 49ciz, 51sd; Mary Evans Pictures Library: 8id, 9cd, 13s, 17isiz, 21iciz, 29siz, 35sc, 38c, 40siz, 61bcd; Fotograff: 42sd; Robert Harding Picture Library: 52ciz, 58iiz, 59cd; Ulton Picture Company: 31 isl; Hutchison Picture Library: 22siz, 53sd,

Antony J. Lambert: 45c, 60 ciz; Mansell Collection Ltd.: 8 sd; 10cd, 23sc; John Massey Stewart: 45iciz, 56sd, 59sd; Millbrook House Ltd.: 7sd, 23id, 37sd, 51isiz, 68cd, 63sd; National Railway Museum: 6ciz, 7siz, 12sd, 13isd, 21siz, 21sd, 23sd, 25, 25icd, 26 iciz, 30ic, 35cd, 37isc, 43icd, 49sc, 50cd, 59siz; Terrence Cuneo: 33ic; Peter Newark's Picture Library: 13c, 18siz, 18cd, 19c, 19sd, 24sd, 34siz, 42iiz, 43id, 53siz; Quadrant Picture Library: 21c, 27isc, 35id, 43isd, 53cd, 62sd; Rank Films: 49iiz; Retrograph Archive/Martin Breese: 36siz; Mack Sennet Productions: 25 isd; Telegraph Colour Library: 50sd,

57c; La Vie du Rail: París: 38ciz, 39siz, 63siz; Weintraub/Ronald Grant: 31siz; Zefa Picture Library: 24siz, 35siz, 41sd, 47s, 48id, 59i.

Han colaborado:

National Railway Museum, York; David Wright, Richard Gibbon; John Liffen del Science Museum; Justin Scobie; The London Transport Museum; The Signal box staff of Three bridges (British Rail) Station, West Sussex; The Bluebell Railway; Gatwick Aiport; Claire Gillard, Helena Spiteri y Gin von Noorden; Earl Neish, Jane Parker.

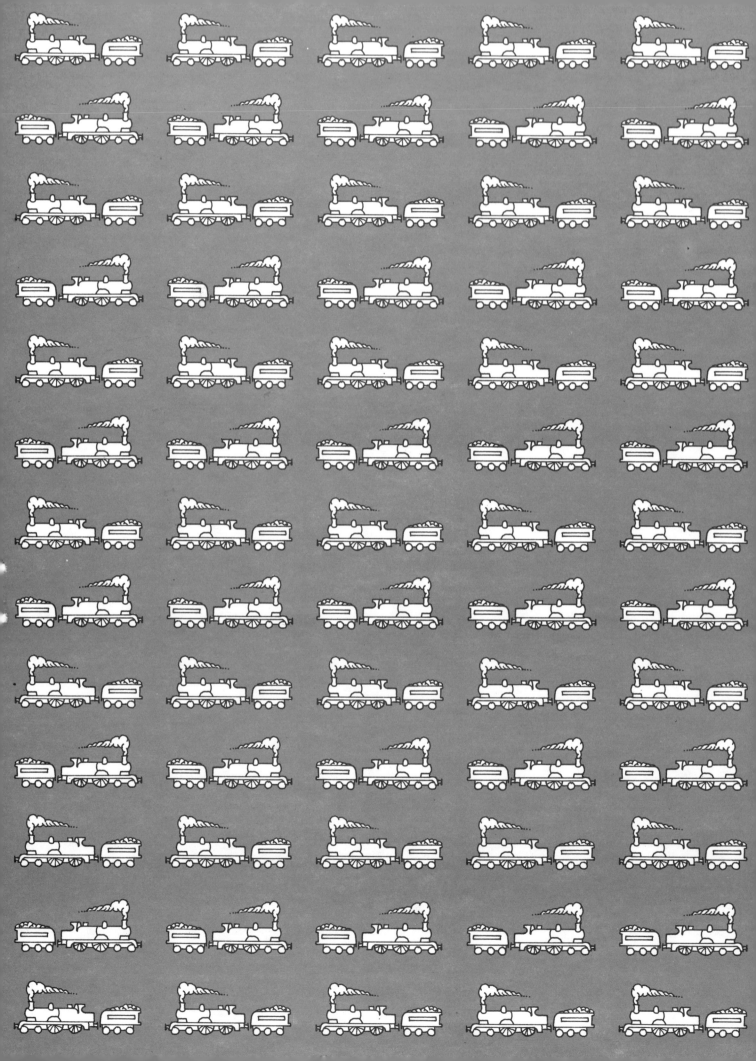